Paul Zeller

Die täglichen Lebensgewohnheiten im altfranzösischen Karls-Epos

Paul Zeller

Die täglichen Lebensgewohnheiten im altfranzösischen Karls-Epos

ISBN/EAN: 9783743482623

Hergestellt in Europa, USA, Kanada, Australien, Japan

Cover: Foto ©ninafisch / pixelio.de

Manufactured and distributed by brebook publishing software (www.brebook.com)

Paul Zeller

Die täglichen Lebensgewohnheiten im altfranzösischen Karls-Epos

AUSGABEN UND ABHANDLUNGEN

AUS DEM GEBIETE DER

ROMANISCHEN PHILOLOGIE.

VERÖFFENTLICHT VON E. STENGEL.

XLII.

DIE

TÄGLICHEN LEBENSGEWOHNHEITEN

IM

ALTFRANZÖSISCHEN KARLS-EPOS.

VON

PAUL ZELLER.

MARBURG.

N. G. ELWERT'SCHE VERLAGSBUCHHANDLUNG.

1885.

Herrn

Professor Dr. Edmund Stengel

in hoher Verehrung

gewidmet

vom Verfasser.

V orliegende Arbeit verdankt ihre Entstehung der freundlichen Anregung des Herrn Professor Dr. Stengel.

Benutzt habe ich bei der Bearbeitung:

1. Alwin Schultz: Das höfische Leben zur Zeit der Minnesinger 2 Bde. Leipzig 1879.

2. Wilhelm Heidsick: Die ritterliche Gesellschaft in den Dichtungen des Crestien de Troyes. Greifswalder Dissertation. 1883.

Den Stoff zu vorliegender Arbeit habe ich folgenden Chansons de geste entnommen (in der Arbeit habe ich die Ch. de g. nach den vor den Titeln stehenden Abkürzungen citiert):

A. — Aiol, Chanson de geste p. p. Jacques Normand et Gaston Raynaud (Soc. des anc. textes fr.).

A. d'A. — Aye d'Avignon, Chanson de geste p. p. MM. F. Guessard et P. Meyer (Im 6. Bde. von: Les anc. poètes de la Fr.)

A. d. B. — Aus der Chanson de geste von Auberi dem Burgunden, hrsg. von Ad. Tobler.

A. et A. — Amis et Amiles und Jourdains de Blaivies, hrsg. von Konrad Hofmann. 2. Aufl.

A. et M. — Aigar et Maurin: Frgmt. d'une chanson de geste prov. incon. p. p. Aug. Scheler.

Agl. — Aus Agolant, hrsg. in: Der Roman von Fierabras provenzalisch von Imm. Bekker.

A. l. B. — Auberi le Bourgoing. p. p. Tarbé.

A. l. Borg. — Aus Auberi le Borgignon, hrsg. in: Romvart von A. Keller.

Alc. — Aliscans, chanson de geste p. p. MM. F. Guessard et A. de Montaiglon. (10. Bd. von: Les anc. poètes de la Fr.) u. in Guillaume d'Orange v. Jonckbloet.

Aq. — Le Roman d'Aquin chanson de geste du XIIe siècle p. p. F. Joün des Longrais.

Asp. — Aus Aspremont, hrsg. in: Die altfranzösischen Romane der St. Marcus-Bibliothek, Proben und Auszüge von Imm. Bekker.

Aub. — Auberon, hrsg. in: I Complementi della chanson d'Huon de Bordeaux von A. Graf.

B. a. gr. p. — Li roumans de Berte aus grans piés par Adenés li Rois p. p. M. Aug. Scheler.
B. de C. — Bueves de Commarchis par Adenés li Rois p. p, M. Aug. Scheler.
Ch. de H. — Bruchstück der Chanson de Hervis p. p. B. Schädel. Jahrbuch für rom. Lit. Bd. XV.
Ch. de N. — Li Charrois de Nimes, hrsg. in: Guillaume d'Orange von Jonckbloet.
Ch. O. — La Chevalerie Ogier de Danemarche par Raimbert de Paris p. p. J. Barrois.
C. L. — Li Coronemens Looys, hrsg. in Guillaume d'Orange von Jonckbloet.
C. V. — Li Covenans Vivien, hrsg. in: Guillanme d'Orenge von Jonckbloet.
D. de M. — Doon de Maience, Chanson de geste p. p. M. A. Pey. (2. Bd. von: Les anc. poètes de la Fr.).
D. de R. — La Destruction de Rome, hrsg. in Romania II. p. 1—48 von G. Gröber.
E. de St. G. — Elie de Saint Gille, Chanson de geste p. p. Gaston Raynaud (Soc. des anc. textes fr.).
Enf. O. — Les Enfances Ogier par Adenés li Rois p. p. M. Aug. Scheler.
F. — Fierabras, chanson de geste p. p. MM. A. Kroeber et G. Servois. (4. Bd. von: Les anc. poètes de la Fr.).
F. de C. — Le Roman de Foulque de Candie par Herbert Leduc de Dammartin p. p. Tarbé.
Fl. — Floovant, Chanson de geste p. p. MM. Michelant et F. Guessard (Im 1. Bd. von: Les anc. poètes de la Fr.).
G. — Gaydon, Chanson de geste p. p. MM. F. Guessard et S. Luce (7. Bd. von: Les anc. poètes de la Fr.).
Gar. de M. — Garin de Monglane, Manuscr. fonds fr. 24403. Bibliothèque nationale Paris, Copie von H. Müller u. in Kellers Romvart.
G. de B. — Gui de Bourgogne, Chanson de geste p. p. MM. F. Guessard et H. Michelant (Im 1. Bde. von: Les anc: poètes de la Fr.).
G. de M. — Girbers de Metz, hrsg. in Böhmers Rom. Studien I. p. 442—552 von E. Stengel.
G. de N. — Gui de Nanteuil, Chanson de geste p. p. M. P. Meyer (Im 6. Bde. von: Les anc. poètes de la Fr.)..
G. d. R. — Gérard de Rossillon, Chanson de geste p. p. Francisque Michel.
G. de V. — Aus Gerars de Viane, hrsg. in: Der Roman von Fierabras provenzalisch von Imm. Bekker.
G. et I. — Gormund et Isembart in Rom. Studien III; 549 ff. von Heiligbrodt.
Gfr. — Gaufrey, Chanson de geste p. p. MM. F. Guessard et P. Chabaille. (3. Bd. von: Les anc. poètes de la Fr.).
H. C. — Hugues Capet, Chanson de geste p. p. M. Le Marquis Da la Grange (8. Bd. von: Les anc. poètes de la Fr.).
H. de B. — Huon de Bordeaux, Chanson de geste p. p. MM. F. Guessard et C. Grandmaison (5. Bd. von: Les anc. poètes de la Fr.).
Horn. — Das anglonormannische Lied vom wackern Ritter Horn, hrsg. von R. Brede und E. Stengel in: Ausg. und Abh. VIII.
J. de Bl. — Jourdains de Blaivies, hrsg. v. Konrad Hofmann cf. A. et Am.
Kls. R. — Karls des Grossen Reise nach Jerusalem und Constantinopel, hrsg. von E. Koschwitz.
Loh. — Li Romans de Garin le Loherain p. p. M. P. Paris. 2 Bde.
M. — Macaire, Chanson de geste p. p. M. F. Guessard (9. Bd von: Les anc. poètes de la Fr.).

M. de G. — La Mort de Garin Le Loherain poëme du XIIe siècle p. p. M. Edélestand du Meril.
Mnt. — Mainet, in der Romania Bd. IV. p. p. Gaston Paris.
M. G. — Moniage Guillaume, hrsg. in den Abh. d. I. Cl. d. k. bayr. Ak. der Wiss. VI. Bd. III. Abt. v. Konrad Hofmann.
Ot. — Otinel, Chanson de geste p. p. MM. F. Guessard et H. Michelant (Im I. Bde. von: Les anc. poëtes de la Fr.).
P. d'Or. — La Prise d'Orange, hrsg. in: Guillaume d'Orange v. Jonckbloet.
P. de P. — La Prise de Pampelune, hrsg. in: Altfranzösische Gedichte aus venetianischen Handschriften von Ad. Mussafia.
P. la D. — Parise la Duchesse, Chanson de geste p. p. MM. F. Guessard et L. Larchey (Im 4. Bde. von: Les auc. poëtes de la Fr.).
R. de C. — Li Romans de Raoul de Cambrai et de Bernier p. p. Edw. Le Glay.
R. de M. — Renaus de Montauban ou les quatre fils Aymon p. p. H. Michelant.
R. de R. — Le Roman de Ronceveaux p. p. Francisque Michel.
Rol. — La Chanson de Roland. p. p. Léon Gautier.
R S. — Fragments uniques d'un roman du XIIIe siècle sur la reine Sebille p. p. Aug. Scheler. Ac. Royale de Belgique, Bull. avril 1875.
Sax. — La Chanson des Saxons par Jean Bodel p. p. Francisque Michel.

Bei der Bearbeitung habe ich mein Augenmerk auf folgende Punkte gelenkt:

I. Schlafengehen und Nachtruhe.
II. Aufstehen am Morgen.
III. Messen und religiöse Gebräuche.
IV. Essen und dabei vorkommende Gebräuche.
VI. Belustigungen und Vergnügungen.

I. Schlafengehen und Nachtruhe.

a) Zeit des Schlafengehens.

Die Zeit des Schlafengehens lässt sich aus den Angaben der Chansons de geste nicht genau bestimmen; sie hieng lediglich von der des Abendessens ab, denn unmittelbar nach Beendigung desselben gieng man meist zur Ruhe [1]).

[1) E. de St. G. 1956: Il demanderent l'aigue, al mengier vont senar. Après s'en vont dormir. — Ot. 664: Après mengier, si est chescuns levez, Li rois méisme est en sa chambre alez Dormir se vont, si ont les uis fremez. — D. de M. 3734: Quant il orent soupé, si s'alerent couchier. cf. 8140. — Gfr. 1421: Quant il orent mengié, si parlerent des lis, Puis alerent couchier tant qu'il fu esclairis. cf. 2556. — Gfr. 4577: Atant en sunt montez sus au mestre donjon, Où l'en ot apresté à mengier à foison.... Moult furent bien servi par dedens Greblemont, Puis alerent dormir li chevalier baron — M. de G. 23, 18: A ce mangier furent molt bien servi. Li rois s'en va en ses chambres dormir. - H. de B. 7964: Après mengier sont alé reposer. — ib. 9053: Quant ont mengié et béu à plenté, Les napes ostent sergant et baceler; Les lis font faire pour aler reposer. — F. 5885: Après mengier se dorment tant que l'aube creva. — J. de Bl. 1328: Jourdains se couche le soir aprez souper. cf. 1378. — A. 4612: Et après le souper se sont alé couchier. – B. de C. 2339: Après souper alerent assés tempre couchier. — G. de M. 538, 3: Quant ont maingié, si alerent dormir. cf. 501, 7. 509, 7. — Ch. O. 3988: La nuit mengierent à joie li princhier, Puis se conchierent dessi à l'esclairier. — Loh. II. 198, 2: Après mengier se cuichérent dormir. — H. C. 6175: Et quant vint le nuit et c'on ot bien soupés, Es gourdinez s'ala ly bons rois reposer. — Gar. de M. 8, d, 25: Quant il orent mangié si alerent couchier. — Gar. de M. 83, b, 22: Au mangier sunt assis li vespres aprocha Puis alerent dormir tant que il aiorna. — Gar. de M. 103, a, 12: Tant estuet la dedens que il fu avespré Dedens .1. grant celier amangié a plenté & but a son pooir du bon rice claré .... Pus se coucha dormir sor .1. bel lit paré. — Gar. de M. Romv. 341, 12: Quant il orent soupé si s'alerent couchier. cf. 329, 10. — R. de M. 441, 38: Il ont mengié à joie et si se sont couchié. — R.

DieBarone, welche mit ihrem Herren zusammen gespeist hatten, zogen sich alsbald nach dem Essen in ihre Wohnungen zurück²).

Öfters wird allerdings auch erwähnt, dass man sich nach dem Abendessen noch kurze Zeit unterhielt³), sich vergnügte, spielte, sang und auch ausging, um sich im Freien zu belustigen⁴). Immerhin wird man ziemlich

de M. 442, 6: Au mengier sont assis, puis si se sunt couchié. — Alc. 8255: Quant mangié ont, si alerent couchier. — Ch. O. 45: Après mengier quant il orent soupé Les napes ostent serjant et escuier, Font faire lis por aler reposer. — Fl. 917: Il ont lavé lor mains, asis sont au maingier... Ainz fit faire son lit, si s'est aulez couchier. — Aub. 218: Judas apres au souper est assis, Avec sa gent et quant iours fu fallis Coucié se sont, cascuns en fu hastis.

2) F. de C. 102, 25: Quant Païens ont mangié sus el palès marbrin A leur ostiex s'en vont au riche tarbarin. Le roy Tiébaut remest entre lui et Sombrin... En une chambre à voulte desus .I. lit d'or fin, Se sont andoi couchiés les rois d'outre marin. — H. C. 1223: Quant vint aprez souper, lez tablez font oster; Cescun vers son hostel s'en va pour reposer. — G. de V. 948: Cant maingié orent et beüt à planté, Cil chevalier san plus de demorer, A lor ostelz s'en vont por reposer. Li dus Gérars nel vot mie oblier, Enz en la sale fist un lit aporter: Lambert i font dormir pour reposer. — ib. 1888: Si ont maingié et beü à planté. Puis se coucherent quant il fu avesprey. —Ch. de N. 816: Li escuier vont les napes oster. Cil chevalier repairent as ostiex Trusqu'au demain que il fu ajorné. — A. et A. 1153: Quant li baron orent la nuit soupé, Cil chevalier en vont a lor osteuls Si com est a coustume. — Loh. II. 28, 8: A son ostel est venus Isorés; Il a mangié, il a beü assés, La nuit se cuiche dormir et repouser. cf. I. 3267. — A. 10944: Cele nuit ont mengié par molt grant signorie, En après le souper li senescaus s'escrie: »Alés a vos osteus, fran chevalier nobile.« Li baron s'en repairent en lor tentes porprines.

3) Aub. 1564: A souper sont assis sans detriier, Et si ont ris dusques à l'anuitier, Et puis si uont a lor ostex coucier. — F. 6133: As osteus se repairent; si se wont aaisier; Quant assés sont deduit, si sont alé coucier. — A. 1149: Quant il orent mengié a grant plenté, Li ostes le rapele par amisté. *Sie unterhielten sich, dann gehen sie zu Bett* — Loh. II, 223, 4: Après mengier apareillent les lis, Son oste apelle Berengier et il vint; Delez Rigaut en la cuiche se siet. Moult belement li a conté et dit: etc.

4) D. de M. 10045: Robastre a à chescun .I. bel lit apresté, Puis lor a fruit et vin largement aporté. Et cante devant eus, souvent à espringné. Tel joie en ont lez .III., je ne vous iert conté...Quant il orent veillié et beü à planté, Il se couchent dormir douchement et souef. — G. de V. 3773: Kant maingié orent li chevalier vaillant, Les napes traient escuier et seriant. Par le palais vont grant ioie menant. Li uns viele, l'autres conte roman. Puis vont couchier endroit le coc chantant. — G. de N. 491. ff: Quant il orent soupé, les napes funt sachier. La mesnie Guion se va esbanoier, Là dehors à chez prés, chascuns sor son destrier. Es prés

zeitig zu Bett gegangen sein, da das Abendessen, wie wir sehen werden, gewöhnlich nicht sehr spät eingenommen wurde. Nach dem Niederlegen pflegte man sich vielfach noch zu unterhalten [5]; man liess sich sogar, bis man eingeschlafen war, Fabeln und Chansons vortragen [6].

b) Schlafgemach.

Das Schlafgemach, einfach *chambre* genannt [7], wird von den Dichtern der ch. de g. gewöhnlich durch ein Epitheton, das uns die Herrichtung der Kammer erkennen lässt näher bezeichnet, So finden wir *chambres pavées* und *cambres à voute*, gepflasterte

---

desous Paris furent bien .iii. millier. — Gar. de M. 53, c, 21. ff:
. . . . . quant il orent soupé & il orent mangié tot a lor voleuté Fruit & vin lor u on molt souent aporté Souent a li .i. l'autre baisié & acolé Il ont iué assez si se sont deporté . . . Quant li lit furent fuit & molt bien atorné . . . malbrien se couce au gent cors honoré. — Gfr. 4701: Par devant Vantamise, chele chité mirable, Fu molt grant le barnage de Gaufrey le mirable; Moult par i dist on lais, chansons, notes et fablez. .i. lit orent paré en la chambre avenable, Et i ot on couchié la belle o le cors sage. Chele nuit engendra .i. vallet avenable.

5) A. et A. 498: Le soir se jut li dus (Aiol) lez sa moillier. Quant gabé orent et assez delitié. La male fame l'en prinst à arraisnier. — ib. 2003: Li cuens Amis s'en est alez couchier, Dejouste lui Lubias sa mollier. Quant gabé ont assez et delité, Et tout ont fait quant que au lit afiert, La male dame l'en prinst a arraisnier: — A. 1201 ff: Quant il se fu couchiés, si a parlé. — Kls. R. 444: Li reis Hugue li Forz a sa muillier en vint, E Karles e Franceis se culchent a leisir. Des ore gaberunt li cunte e li marchis. — ib. 652: »Sire,« dist Carlemaigne erseir nus herberjastes; Del vin et del claret assez nos en donastes. Si'st tel custume en France, à Paris et à Cartres, Quant Franceis sunt culchiet, ke se juent e gabent E si dient ambure, e saveir e folage. Or me laissiez parler a mun ruiste barnage... — R. de M. 304, 37: Charles sist en .i. lit qui bien fu acesmés; Dejoste lui Maujis qu'il ne pooit amer. D'autre part fu Rollans et Oliviers li ber. Tot ierent someilleus et travaillié d'errer . . . Desi à mie nuit ont veillié en esté, Que il sunt de dormir durement agrevé.

6) A. d'A. 10: Quant le roi veut dormir, Garniers est au couchier, Et dit chansons et sons por le roi solacier. — D. de R. 356: Laens est Floripas, la gente et l'escevie, La plus bele payene que soit jusc'à Russie; Ouec li ses folles, a ki el s'esbanie Ke lui chante sones a houre de complie Et fables et chansons, tant qu'ele est endormie.

7) M. de G. 23, 18: Li rois s'en va en ses chambres dormir. — P. de P.: Là dens oit une zambre que dous grans lit tenoit. — Ot. 665: Li rois meisme est en sa chambre alez Dormir se vont.

und gewölbte Kammern⁸). Sodann werden Schlafkammern beschrieben, die mit Farben, mit Gold und Silber⁹) mit Blumen, Vögeln und Tieren[10]) schön gemalt und sogar mit Edelsteinen[11]) geschmückt sind. In andern Schlafkammern waren die einzelnen Wölbungen besonders fein gemalt; da war das Himmelszelt mit Sonne, Mond und Sternen, sowie die Erde mit Wäldern, Hügeln und Tieren abgebildet[12]); man fand Bilder aus der

8) Aub. 398: Dormir ala en sa cambre pauée O sa moullier la preus et la senée — A. 1199: Li borgois lés sa feme va reposer; En sa cambre perine en est entrés. — ib. 2145: En une cambre en entre de marbre bis. — P. la D. 1434: Quant li quens ot mengié les napes fist oster; A une chambre à voute s'an vont li bacheler. — F. de C. 102, 28: Quant Païens ont mangié sus el palès marbrin ... En une chambre à voulte, desus .1. lit d'or fin, Se sont andoi couchiés les rois d'outre marin. — P. la D. 1160: Quant li rois ot mangié les napes fist oster. An une chambre à voute s'an est li rois antrez. — A. l. B. 50, 17: La chambre pavée. cf. 87, 6. — Gfr 8360: La puchele s'en tourne que plus ne s'i detrie; Venue est en la chambre de fin marbre entaillie.

9) R. de R. 8988: La nuit jut Karles sus au palais hautor, Enz en sa chambre qu'est pointe de color. — R. de M. 14, 8: Et entra en la chambre qui bien fu painturée. Par desour .1. keute s'est la dame acoutée. — A. l. B. 72, 1: Jusqu'à la chambre qui d'or est painturée. — P. de P. 441: Ens une rice cambre, tote pointe ad or fin Ensi com en Besance prist fame Costantin Se desarme Çarlon. — R. de M. 334, 1: Et vienent en la chambre painturée à or mier. — R. de M. 333, 1: Venu sont à Rollant et à la soie gent, Qui erent en la chambre painturée à argent. — A. d'A. 2510: Et Aye la duchoise fu dedens Avignon En une chambre peinte de l'evre Salemon.

10) Sax. 169, 12: La nuiz va aprochant, si déclina le jor Li rois fu travailliez et de paine et d'iror En une chambre antra qi ere point à flor; Là se coucha li rois et ses barons antor. — E. de St. G. 1441: En une cambre en entrent, que fu toute sos terre, Mout fu bien pointurée a oiseus et a bestes.

11) Kls. R. 422: Le rei tint par la main, en cambre les menat, Volue, peinte a flurs a pierres de cristal. Une escarbuncle i luist e cler reflambeiat Cunfite en une estache del tans rei Golias. Duze liz i ot dulz de cuivre e de metal. — G. 316: Li dus (Gaydon) se dort en son lit d'olyfant, Dedens son tref de bon paile auffriquant. N'i avoit cierges ne chandeille alumant, Mais escharboucle qui sunt cler et luisant, Tout assez vont de clarté tensonnant.

12) F. 2146 ff.: Venu sont à la cambre, si ont l'uis deffremé. Moult fu riche la chambre, de grant nobilité, Li piler sont de marbre et sont moult bien plané, D'uevre sarazinoise entaillié et ouvré; Desous la maistre voute avoit par art posé. Le ciel et les estoiles, et yver et esté, La lune et li solaus, qui mout donne clarté, Forès, teres et puis, i est tout painturé, Li oisiel et les bestes et li serpent cresté. Moult est rice la cambre et de grant digneté; Ains Diex ne fist espese dont il n'i ait plenté

biblischen Geschichte dargestellt: Adam, den Sündenfall, den Brudermord, verschiedene Propheten, die Jungfrau Maria, die Gesetzgebung u. s. f., daneben allerlei Tiere und wertvolle Steine [13]).

c) Betten.

Die Betten, welche in den Schlafgemächern aufgestellt waren, standen an Pracht und Wert dem Schmucke des Zimmers nicht nach [14]). Es werden Betten von reinem, feinem Golde (lit à or mier, lit d'or fin) [15]), Betten von Elfenbein (lit d'olyfant, lit d'ivoyre) [16]), doch auch solche, die von gewöhnlichem Metal (lit de cuivre et de metal) [17]) hergestellt sind, erwähnt. Amiles schläft in einem Bette von Cristal und Saphir [18]) Andere Betten haben Füsse von Edelstein, Gold oder Silber,

---

13) F. de C. 65, 8 ff.: Buene est la chambre et li piler jumel: Toute l'entrée a chiere uevre à novel. Adam fu mis el premier eschamel, Et li péchiés d'Evain, et cil d' Abel, Si com Caïns l'ocist à un coutel, Li poins del siecle, le viez jusqu'au novel, Et les prophètes dès le temps Samuel, Et les Maries dont Dame Deu fu bel, Totes les lois et li fil Israël, Il n'est manière de beste ne d'oisel Ne fut escrite à destre en un pomel. La est l'image Mahom et Jouvencel. Sor une voute plus grosse d'un tonel Tote réconde, sans marbre, sans quarrel, De chières pierres assises à martel, En or d'Espaigne foillées à clavel.

14) P. de P. 615: La cambre fu mout cliere pour la ciere que ardoit Dedens le greignour lit, que maint deniers valoit. — B. de C. 2339: Après souper alèrent assés tempre couchier. Li lis à Malatrie, bien le puis tesmoignier, Fu tex c'on ne devroit nul meillor souhaidier. — D. de M. 3734: Quant il orent soupé si s'alerent couchier En un biau lit paré, c'onques ne vi si chier, Ne nul ne le porroit aesmer ne prisier. — ib. 5689: Dedens la tour amont, quant il orent soupé, Waudri a fet .m. lis n'i a plus demouré, De coutes et de dras qui de fres sunt lavé, De riches couverteurs furent tous .m. paré.

15) Ch. O. 8224: Et cil les maine à Kallon au vis fier Ou se dormit en son lit à or mier. — A. l. B. 130, 17: Li cuens dormit en .i. lit à or mier. — F. de C. 102, 29: En une chambre à voulte, desous .i. lit d'or fin Se sont andoi couchiés les rois d'outre marin.

16) Mnt. 195: Karles se cauce u lit as bares d'olifant. — G. 316: Li dus se dort en son lit d'olifant. — Ch. O. Iselement a fait faire son lit; Deus en a fait ens el tref establir: Un en i ot d'ivoyre cordéys.

17) Kls. R. 428: Duze lis i ot dulz de cuivre e de metal.

18) A. et A. 645: Li cuens Amiles jut la nuit en la sale En un grant li à cristal et à saffrez.

oder ebensolche Querleisten (espunde) [19]), die ausserdem noch verziert waren. Dem entsprechend war das Bettzeug. Es ruhten die Decken und Kissen auf Stricken, daher »lit cordéis« [20]), welche zwischen den Wänden des Bettgestelles aufgezogen und aus Seide hergestellt waren.) [21]). Zunächst darauf lagen Steppdecken (keutes), aus wertvollem Seidenstoff (paile) gearbeitet [22]). Diese »keutes«, unsern Matratzen entsprechend, wurden mit dem Bettuche (linceul) bedeckt, das gewöhnlich aus Leinwand, bei den Vornehmen aber auch aus Seiden und Taffetstoffen hergestellt war [23]). Darnach endlich kommen die Kissen, das

[19]) A. et A. 857: (Amis) Jut en son lit dont d'or sont li pecol. — Kls. R. 429: Li trezimes (lit) en mi est talliez a cumpas Li pecul sunt d'argent e l'espunde d'esmail. — G. de B. 147: Et Karles se coucha en .1. lit qui fu grant, Dont li pomel estoient à or resplendissant. — E. de St. G. 1443: En .1. lit le coucha, dont d'or est l'espondele. — Mnt. IV, 143: Karles se couce u lit as bares d'olifant Les cordes sont de soie, li pecou d'aïmant, Les espondes d'or fin d'Arrabe... arant. En cascune une brance de l'arbre... Dont Diex clost paradis quant i posa Adant; Quant il est nuis oscure si vait si resplendant K'il n'i estuet ja cierge ne candoile luisant. — H. de B. 4919: Li pecoul furent de fin or esmeré, Et les espondes d'ivoire tresjeté. As. .IIII. bors du caalit doré A. .IIII. oisiaus qui moult font à loer Qui adès cantent et yver et esté.

[20]) R. de M. 296, 18: En .1. lit cordeïs l'ont colchié moult soëf... — ib. 329. 34: En .1. lit cordeïs colça Karlon soëf. — F. de C. 106, 31: Ganite se gisoit en .1. lit cordéis: O li Amanioie et Ayglente de Lis. — R. de M. 158, 40: Tuit .III. se sunt assis en .1. lit cordeïs. — Sax. I, 252, 11: Li rois (Karl) demande l'aive, si lieve dou mengier En .1. lit cordéiz s'en est allez couchier.

[21]) Mnt. 135: Karles se couce u lit as bares d'olifant, Les cordes sont de soie, li pecou d'aïmant.

[22]) Ch. O. 8907: Isnelement a fait faire son lit;... Un en i ot d'ivoyre cordéys; Cil qui le fist quatre coultes i mist. — A 2146: La sist le lit Aiol par grant delit; Les keutes sont de paile que desous mist.. — R. de M. 166, 6: .1. lit li fissent faire el palais princípe La keute fu de paile galasien fresé. — H. de B. 4910: Là se dormoit li grans gaïnns dervés Deseure .1. lit qui bien ert acesmés. La keute fu d'un paile d'otre mer. — Horn 814. Sil asist sur sun lit dunt la coilte est chiere D'un paile alixandrin bon' en fu l'oueriere. — Horn 1098: Sur sun lit la se séent (Horn et Rigmel) amdui [tres]tut ioiant La coilte en iert mut chiere d'un paile escarimant.

[23]) Kls. R. 425: Duze liz i ot dulz de cuivre e de metal, Oreilliers de velos et linçoels de cendal. — A. 2148: Et li linceul de soie, n'i ot pas lin. — Ch. O. 8911 ff.: Cil qui le fist quatre coultes i mist Linceus de soie et as flors de samis... Li lit sont fait mult ben enmi le tref; Un en i ot richement acesmé, Linceus de soie et velox de cendal. — H. de B. 4913: Et li linçuel de soie bien ouvré.

Bettdeck (covertor) und die Ohrkissen, (oreilliers); sie waren aus kostbaren Sammet- und Seidenstoffen und Purpur gefertigt, besetzt mit Grauwerk, Hermelin- und Marderpelz [24]).

Die Betten wurden erst nach dem Essen, bevor man zur Ruhe ging, zurecht gemacht [25]).

Die Ehebetten waren zweischläfrig [26]).

24) A. et M. 639: Al leit del rei ac sa lance lansade Lo cobretor trencet e la falçade, Ki fo de porpre e de samit olbrade. — Gar. de M. 83, c, 25: Quant li lit furent fait & molt bien atorné De rices draa de soie & dermins engoulé Furent li couvertoir dont il furent paré. — D. de M. 5690: Waudri a fet .iii. lis, n'i a plus demouré. De coutes et de dras qui de fres sunt lavé. De riches couverteurs furent tous .iii. paré. — A. 2149: Li covertoir de martre grant et furni Et l'oreilliers fu fais d'un osterin. — R. de M. 166, 7: Li covertor de soie furent de grie forré. — Ch. O. 8918: Li covertour d'un ermin engolé. — Kls. R. 426: E oreilliers velus e linçoels de cendal... Li cuverturs fut bone que Maseuz uvrut. — H. de B. 4914: Li orilliers qu'il ot au cief posé Valoit .c. livres de deniers monaé.

25) H. de B. 2797. Apres mengier, font les napes oster, Les lis font faire, alé sunt reposer. — ib. 9053: Quant ont mengié et béu à plenté, Les napes ostent sergant et baceler; Les lis font faire pour aler reposer. — Ch. O. 45: Après mengier, quant il orent soupé, Les napes ostent serjant et escuier, Font faire lis por aler reposer. — ib. 8906. ff.: Dedens son tref estoit Callos pensis, Isnelement a fait faire son lit. — A. 1196: Se li fait son lit faire por amisté, Et Aiols se coucha qui est lassée. — ib. 3922: Quant il eurent mengié, si font les lis. — ib. 10944: Cele nuit ont mangié par molt grant signorie. En après le souper li senescaus s'escrie: »Alès a vos osteus, franc chevalier nobile.« Li baron s'en repairent en lor tentes porprines. En mi le tref Aiol .i. molt riche lit fissent, Là se coucha Aiols lés Mirabel s'amie. — Fl. 920: Ainz fit faire son lit, si s'est alles couchier. — R. de M. 173, 8: Li fil Aymon monterent el palais principel Et firent lor lit, faire si se vont reposer. — ib. 329, 10: Quant il orent mangié, les napes font oster. »Renaus, ce dist Maugis, ales vos reposer, Et je iroi Karlon ainz mienuit enbler.« E li lit furent fait; tot se vont reposer. cf. 166, 5. — Gar. de M. 22, a, 24: Quant il orent mangié trestot alor deuis li solaus fu couciez li tans fu oscurchis Li vallez fist les lis qui bien en fu après. — Loh. II, 137, 20: Fromons commande qu'on li féist un lit. Travilliés fut de la mer dont il vint. — ib 223, 4: Après mengier apareillent les lis. — D. de M. 5688: Et nostre .iii. baron, qui furent entouré Dedens la tour amont, quant il orent soupé, Waudri a fet .iii. lis, n'i a plus demouré.

26) A. l. B. 71, 15: En son lit dort le gentil Bourguignon Lés la Roïne à la clere façon. — P. la D. 2808: (Raimont): La nuit jurent ensamble deciq'à l'aujorner. — Aub. 398: Dormir ala en sa cambre pauée O sa moullier, la preus, et la senée cf. 674, 1025. — ib. 1243: Quant vint au nuit o sa femme est couciés. — B. a. gr. p. p. 3165: Cele nuit jut Pepins avoeques sa moillier. — A. et A. 498: Le soir se jut li dus (Amis) lez sa moillier. — ib. 2003: Li cuens Amis s'en est

d) Schlaftrunk.

Einige Mal wird angegeben, dass man vor dem Schlafengehen noch einen Schlaftrunk nahm [27]). Dies sind aber nur Ausnahmefälle, da man ja gewöhnlich gleich nach dem Abendessen das Nachtlager aufsuchte (cf. Anm. 1.) und beim Essen schon dem Weine tüchtig zusprach [28]).

---

alez couchier, Dejouste lui Lubias sa mollier, cf. 2065. — Loh. I. 49, 1: A moult grant joie li vassaus l'espousa Premiere nuit qu'avec le duc coucha, L'hore fut bonne, un enfant engendra. — Loh II. 221, 6: La nuit jut Begues dejoste Biatrix, Assez i ot joué, gabé et ri, Jusqu'au demain que li jor esclari. cf. 73, 12. — R. de C. 268, 5: Et Herchenbaus coucha avec s'amie. Il l'a asés acolée et baisie, Mais d'autre chose ne li pot faire mie. — R. de M. 173, 10: Li dus Renaus se colche et sa fame dalés. — A. 1199: Li borgois lés sa feme va reposer; En sa cambre perine en est entrés. — ib 8354: Dedens le tref tendu se jut Aiols le soir Dejoste sa mollier, si com faire devoit. — ib. 10948: En mi le tref Aiol .i. molt riche lit fissent, La se coucha Aiols lés Mirabel s'amie. — H. de B. 8738: Li baron vont coucier et reposer Delés s'amie se jut Hues li ber. Ore en puet faire tote sa volenté. — D. de M. 7977: Quant les ot espousés, la messe leur canta ... Entre les bras Doon belement la coucha. Le riche duc Gaufrei chele nuit engendra. — Gfr. 7412: Passe-Rose couchierent les dames de roion, Et Gaufrey se coucha, le nobile baron Chele nuit engendra .i. courtois enfanchon. — ib. 9244: Chele nuit jut Bernart o la bele au cors gent, Si engendra la nuit .i. damoisel vaillant. — A. d'A. 4116: Seignors icele nuit dont vos m'oëz conter, Engenra un enfant dont vos m'orrez parler; Entoine le fist puis rois Ganor apeler.

27) D. de M. 5693: Quant il veulent couchier, le vin ont demandé. Et Waudri leur en a du meilleur apporté. Puis se couchent en pes douchement et souef. — Kls. R. 485. ff.: Franceis sunt en la cambre, si ont veüt les liz, Cascuns des duze pers i ot ja le sun pris. Li reis Hugue li Forz lur fait porter le vin. — A. 2151: Aiol en apela, se li a dit: »Damoiseus, venés ent huimais dormir.« Par le puin le candeille et sert del vin: Bien en ont andoi but par grant loisir. — D. de M. 10045: Robastre a à chescun .i. bel lit apresté, Puis lor a fruit et vin largement aporté.... Quant il orent vieillé et béu à plenté, Il se couchent dormir douchement et souef. — R. de M. 329, 8: Or ont tant atendu que il fu avespré. Maugis servi le nuit de vin et de claré.

28) M. de G. 23, 7 ff.: As ostex viénent si demandent le vin. La véissiez maint demoisel venir Qui henas portent et d'argent et d'or fin ... A ce mengier furent molt bien servi. Li rois s'en va en ses chambres dormir. — Loh. II. 28, 9: Il a mangié, il a béu assés, La nuit se cuiche dormir et repouser. — G. de V. 1888: Si ont mangié, et beu à planté. Puis se coucherent quant il fu avesprey cf. 948. — Gar. de M. 103, a, 12: Tant estut la dedens que il fu avespré ... & but a son pooir du bon rice claré. Puis se coucha dormir sor .i. bel lit paré. — Gfr. 4579: Assés ont pain et vin et char et veneson, Moult furent bien servi par dedens Greblemont; Puis alerent dormir li chevalier baron; cf. 1418. —

e) Nackt zu Bettgehn.

Bevor man sich niederlegte entkleidete man sich, auch das Hemd wurde ausgezogen, so dass man sich ganz nackt zu Bett legte [29]).

f) Abendgebet.

Vor dem Schlafengehen war man gewöhnt, ein Abendgebet zu sprechen oder sich zu bekreuzen [30]).

F.`5883: Après mangier se dorment tant que l'aube creva. — Ch. O. 45: Après mengier, quant il orent soupé, Les napes ostent serjant et escuier, Font faire lis por aler reposer. — A. 4612: Et après le souper se sont alé couchier; S'Aiols dort en son lit a ente peut songier.

29) Sax. I, 252, 15: Karles nostre ampereres gist an son lit toz nuz. — H. de B. 4988: »Mais je suis nus, et tu es bien armés — Aub. 2282: Trestous nus s'est couchié ens en un lit paré. — A. l. B. 46, 5: Jouste le Duc si quida coucher nue. — ib. 161, 17: Isnelement en la chambre est uenue; Les dras souslieve; n'i fait plus atendue, Jouste le duc se cuida couchier nue. — ib. 93, 14: Elle respont: — Ne place au roi Jhesu! Ains m'ociroie d'un coutel esmoulu, Que je [ja] jisse avec lui nu à nu! — A. et A. 1158: Li cuens Amiles en la chambre est venus, En lit Ami s'a-la couchier touz nus. Avec lui porte son brant d'acier molu. Et Lubias a les siens dras tolus, Delez le conte s'a couchié nu à nu, Qu'ele le cuide acoler com son dru. — A. 2156 *Aiol bei Luciane*: Puis le fist descauchier, nu desvestir, Et quant il se coucha, bien le covri: Douchementle tastone por endormir.

30) B. a. gr. p. 974: Sa patrenostre a dite, que n'i volt detriier, Sus son destre costé s'est alée couchier, De Dieu et de sa mere se commence à saignier, Plorant s'est endormie. A. 2163: Dameldé depria qui ne menti Que il laissa malade et entrepris Entre lui et sa mere el grant foillis. — D. de M. 1460: Et dit ses oresons, qu'on aprisez li a. Quant dites sont en pez, de sa main se seigna Au verai corps de Dieu le sien corps quemanda. — ib. 1668: Laiens s'est recouchié et son creus restoupa; Puis fet crois entor li, de sa main se seigna. — Ch. O. 9694: Turpins ot en sa prison Ogier; Assés li trove quanque li est mestier: La nuit le saigne quant il se va cochier.

II. Aufstehen am Morgen.

Früh legte man sich, wie wir soeben gesehen haben, des Abends zur Ruhe nieder, um mit dem anbrechenden Tage, am frühen Morgen wenn die Sonne aufging, das Lager wieder zu verlassen [31]).

Der Wächter verkündete von dem Schlosse herab mit einem Hornsignale den Anbruch des Tages [32]). Wachte man

---

31) Enf. O. 7296: A l'endemain, quant jors fu ajorné, Se leva Charles, li bers rois naturés; De main lever estoit acoustumés. — A. 1811: Quant li ber (Tieris) coisi l'aube, s'est par matin levés. — Sax. II, 93, 16: Par matin se leva (Karl) quant choisi la luor. — Rol. 163: Li emperere est par matin levez. — A. et A. 1875: La nuit i jurent li chevalier gentil Desci au jor que il fu esclari. — ib. 1894: La nuit i jurent desci à l'ajorner. — ib. 2026: Au matinet, quant il fu ajorné... Isnellement s'est (Gautier) vestuz et levez. — ib. 3283: Icelle nuit le laissierent ester Jusqu'à demain que li jors parut cler Qu'il se leverent. — Horn 5008: Des k'il uirent le jor le reis Horn s'i leuat — Aub. 1245: Et lendemain quant iours fu esclairiés Dont se leua l'emperere proisiés. — ib. 1301: Et l'endemain, quant il fu aiournés, S'est au matin Jules Cesars leués, Et Brunehaus, Morgue et tous li barnés. — Ot. 666: Dormir se vont, si ont les uis fremez Jusqu'au matin, que le jor paru cler. Li rois se leve. — Alc 8256: La nuit dormirent li conte droiturier Tresc'al demain qu'il virent esclairier Et li solaus commencha à ruier — P. la D. 3055: L'andemain, par matin, quant solauz fu levez Se leva li rois Hugues, quant solauz fu levez. — Gfr 2574: Et quant il esclarchi et on vit la clartés, Gaufrey et sa gent sunt vestus et atournés — ib. 4581: Puis alerent dormir li chevalier baron Entresi au matin que chante l'oiseillon, Au matinet, au jour, que l'aube est esclarchie S'estoit toute atournée nostre chevalerie. — Loh. I, 256, 16: La nuit s'en va et l'ajorner revint Par l'ost s'esseveillent li grant et li petit. — H. de B. 5268: A l'endemain, quant il fu ajourné Li enfes Hues s'est par matin levés — ib. 7964: Après mengier, sont alé reposer, Et l'endemain sont par matin levé cf. 2480. 2798. 4286. 8746. — Gayd. 5811: Au matinet, quant li solaus resplent Gaydes se lieve. — Doon de M. 5735: Lors s'endorment en pes li vassal alosé, Tant quil virent du jour apparoir la clarté Et virent le soleil luire par le resné. Dont leverent des lis, si se sunt atorné. — G. de M. 501, 10: Girars se lieua si tost, com li jors vint. — ib. 509, 10: Les nuis sont cortes si aleirent couchier, Rigaus se fait celle nuit bien gaitier, Jusqu'au matin que il dut esclarier. — J. de Bl. 1378: Jourdains se couche le soir aprez souper Jusqu'au demain que li jors parut clers.

32) Loh. I. 219, 2: Li aube creve et li jors esclarcit; L' aloue chante si tost com li jors vint; Li gaite corne qui les chalemiaus tint. — Loh. II, 117, 9: Et l'aloëtte chante quant li jors vint: La gaite corne del chastel de Bélin. — Gar. de M. 103, c 17: Leues sus uistement sans nule demorée Car la gaite a ia l'aube du ior cornée.

gewöhnlich von selbst auf, so konnte es zuweilen doch vorkommen, dass man zu lange der Ruhe pflegte [33]) und geweckt werden musste [34]).

Drohte schon am frühen Morgen Gefahr, so trat der Wächter in das Schlafgemach seines Herrn, um ihn zu wecken [35]). Dabei geschah es denn auch, dass der Wächter, obwohl der Herr mit seiner Gemahlin zusammenschlief, an das Bett herantrat, um ihm durch Schütteln am Kopfkissen [36]), wodurch man überhaupt den Schlafenden zu erwecken pflegte [37]), zu ermuntern.

Nachdem man erwacht war, bekreuzte man sich [38]) oder

---

33) Loh. II, 159, 11: Li jors fu biaus, li solaus esclarcis, Li quens Fromons se gisoit en son lit; La fenestrelle un seul petit ouvrit, Et la clartés le fiert en mi le vis. Tot maintenant s'est chauciés et vestis.

34) Gar. de M. 54, d, 14: La gentix castelaine en la cambre en entra & .R. & sa niece en .1. beau lit trous Au plus tost qu'ele pot tot soëf les ueilla. »Beax dols amis .R. fait ele ne demores ia Mes sires m'a mandé que maintenant venra Se il vous troue ci molt par me blasmera.« — ib. 103, c, 17: Bele se dit .G. par bone destinée Leués uistement sans nule demorée Car la gaite a ia laube du ior cornée Lors s'est cele tantost & uestue & parée. — Loh. II, 159, 24: A l'ostel vint (Fromons) son enfant Fromondin, Trouve l'enfant qui dormoit en son lit... A vois escrie (Fromons): »Levez sus Fromondins! Ne devez pas, biaus sires, tant dormir, Li grans tournois jà deust départir.« — A. et A. 2026: Au matinet quant il fu ajorné, S'en est venus chies Gautier à l'ostel, Son compaignon en prinst à apeler: »Sire, dist-il, desormais vos levez, Faites voz homes garnir et conraer . . . Isnellement sunt chaucié et levez.«

35) Loh. I, 167, 14: Vint à Huon fièrement li a dit: »Levez sus, sire, trop i avez dormi; Ne sais quel gent sunt en vostre païs, Guerre me semble, au feu qu'on i a mis.« — ib. 219, 9: Plus tost qu'il pot est (li gaite) arrières guenchis, Ens en la chambre où li quens Hues gist. Aval la sale en ot quatorze vint. Si leur a dist: »Trop i avez dormi, Fromons s'en va; que demorez ici?« Cil l'entendirent contremont sunt sailli, Isnelement sunt chaucié et vesti.

36) Loh. II, 117, 9: (La gaite) Vint en la chambre où li dus Begues gist, Entre ses bras la belle Biatrix; L'oreiller crolle et cil est estormis. Begues li dist: »Que vues-tu, biaus amins?« Et cil respont: »Si maît Diex où: Haimes s' en fui t, s'a le siege guerpi.«

37) Gar. de M. 103, b, 6: L'uis dune cambre troue la dedens est entré .u. cierges uit leans qui furent alumé En cele cambre ot .1. molt grant lit paré Une pucele uit qui se dormoit soé A son oreillier uint .1. petit la crollé & cele sesuella qui molt l'a resgardé.

38) D. de M. 8159: Lors s'esveilla le roy (Karl), si se prist à seignier. — G. 4539: Li dus (Gaydon) s'esveille et vait esperissant Sa

sprach ein Morgengebet³⁹). Letzteres geschah auch oft erst nach dem Ankleiden, indem der Betende sich dann gegen Osten wandte⁴⁰). Dem Aufstehen folgte alsbald die Toilette, über die wir nichts Näheres erfahren. Die Dichter sagen nur, dass man sich sofort wusch⁴¹) und ankleidete⁴²). Ueber Toilettengegenstände werden wir durch die Ch. de g. nicht in Kenntnis gesetzt. Nur im Horn wird ein Spiegel (esmireŭr) erwähnt, in dem sich Rigmel vor der Ankunft Horns beschaut,

---

main leva, de Deu se vait saignant. — R. de R. 9465: La nuit se jut tresqu'au matin à l'aube; Sa main leva, si a fait son singnacle Karles se lieve aprez trestuit li autre. — A. 1811: Quant li bers choisi l'aube s'est par matin levés Il est saillis en piés, si se saigna de Dé.

39) D. de M. 1620: Quant (Doon) le jour a véu à Dieu se quemenda, Seigna soy moult tres bien, que bonne créance a, Et dit ses oreisons et seaumes verseilla — Gar. de M. 109, b, 19: Lors s'esueille & benist & tressaut & gramie Damedeu en son cuer molt durement deprie Que il li gart son cors de tote vilenie.

40) D. de M. 5738: Dont leverent des lis, si se sunt atourné Quant il furent vestu et il orent lavé Et encoutre orient Dumedieu aoré — Sax. I, 134, 2: Lendemain quant il virent le jour cler et apert Tost furent de lor armes arreé et couvert Lors furent tuit vers Dieu à genols poroffert.

41) Gfr. 8648: A icheste parole s'est levé Gloriant, Et il et la puchele laverent tout avant. — D. de M. 5738: Dont leverent des lis, si se sunt atourné Quant il furent vestu et il orent lavé.

42) Sax. 1, 252, 19: Au matin par son l'aube, que jorz est aparuz, L'empereres de Rome s'est chauciez et vestuz. cf. 241, 7. — R. de M. 327, 13: Li jors est esbaudiz et li solaus levés; Li conte se leverent, vestu sunt et paré. — ib 387, 9: Charles se fu levés, vesti soi et caucha. — ib. 27, 3: Aitant l'ont laisié li prince et li baron, Desi que el demain que solaus pert par font. Que Karles se leva, li rois de Monloon, Chauça soi et vesti. — ib. 441, 39: Quant Dex donna le jour, vestu sont et chaucié. — D. de M. 8181: Et quant il vit le jour au matin esclerier, Vesti soi et caucha. — A. d'A. 2523: La dame s'esveilla et chauça et vesti — G. de B. 281: Au matin par s'on l'aube, quant li solaus apert, Lors s'est li enfes Guis et vestus et parez. cf. 680. — A. l. B. 83, 30: Au matinet sont chaucié et vesti. cf. 127, 12. — H. de B. 2480: Et l'endemain, quant il fu ajorné, Li enfes Hues est par matin levés: Il et si home sont très bien atorné. — A. et A. 231: Icelle nuit l'ont il ainsiz laisié Jusqu'à demain que il dut esclairier. Nostre empereres s'est vestua et chauciez. — ib 897: Au main se lieve (Amis) si veat ses meillors dras. — ib. 2320: Un diemenche que il fu esclairié Lubias s'a et vestu et chaucié. — R. de C. 268, 14: Au matinet c'est Herchanbaus levé, Il c'est vestus et chauciés et parés. — Lob. II, 159, 15: Tot maintenant s'est (Froumons) chauciés et vestus — Gar. de M. 103, a. 20: & quant vint pres du ior que le gaite a corné Dont se lieve .G. si a son cors armé — ib. 103, b, 17: Leues sus uistement sans nule demorée Car la gaite a ia l'aube du ior cornée Lors s'est cele tantost & vestue & parée.

um ihre Schönheit zu sehen [43]). Fürstliche Herren und Damen wurden beim Ankleiden von den Kammerdienern respective Kammerdienerinnen unterstützt [44]).

War der Morgen schön, dann öffnete man nach dem Aufstehen das Fenster, um von dort aus die Annehmlichkeiten des Morgens zu geniessen [45]), oder man ging, auch noch nicht vollständig angekleidet, hinaus in's Freie um dem Gesange der Vögel zu lauschen und um sich in der frischen Morgenluft zu ergehen [46]).

---

43) Horn 787: Lors fu l'esmireür mut tost demandé. En tuz sens s'esmira pur ueeir sa beauté. Pur sauoir de sun uis cum est bien coluré. — ib. 1024: Des meillors dras qu'ele out mut bien se cunrea Pus prent l'esmireür en tutz sens s'esmira.

44) A. 8591: Un semedi matin s'est Elies levés; Les maistres cambrelens en a araisonés: »Aporteme mes armes, mes cauces, mes solers: Leverai moi del lit, trop i ai or estet. — Loh. II, 160, 6: L'enfes saut sus, quant la parole oï Li escuier vinrent por lui servir En pou de terme est chauciés et vestis — ib. 224, 21: La nuit jut Begues de ci à le matin Li chamberlans vint au lit por servir. — G. 357: Li dus (Gaydon) s'esveilla à la fréor qu'il a, Ses chambellains maintenant apella. — Loh. I, 64, 2: Isnellement se vesti et chauça Sor tous se loe (Pepin) de Begon le petit, Qui volentiers le sert devant son lit. — Loh. II, 160, 6: L'enfes saut sus, quant la parole oï Li escuier vinrent por lui servir En pou de terme est chauciés et vestis. — ib. 221, 6: La nuit jut Begues dejoste Biatrix, Assez i ot joué, gabé et ri, Jusqu'au demain que li jor esclari Si chamberlan vont à lui por servir. — G. de N. 1561: Li jors s'est esbaudiz, belle est la matinée, Li solaus est levez qui abat la rosée. Jehennete et Martine ont lor dame levée. Come pour chevaucher l'ont moult bien atournée.

45) Sax. II, 124, 16: Baudoïns li niés Karle est par matin levez; Desor une fenestre s'est li ber acotez, Et la bele Sebile qui tant ot de biautez. — B. de C. 2430: De son lit est (Gerart) levés droit à cel ajornant, Pour oïr les oisiaus qui soéft vont chantant Une fenestre ouvri droit devers Orient. cf. 3012. — R. de C. 242, 27: La damoisèle qui tant fait à loër, Par .i. matin c'estoit prise à lever. A la fenestre est venue au jor cler. Voit sor ces haubres les oisellons chanter, Et parmi Saine ces poissonssiaux noër, Et par ces prés ces flors renoveler Ces pastoriax oït lor flajox sonner Qui par matin vont lors bestes garder. — E. de St. G. 1366: Et vint (Rosamunde) a la fenestre por oïr la douchour Des oiselons menus qui chantoient al jor; L'eurïel et la merle ot chanter sor l'aubor, Le cri del rousingol, se li sovient d'amor.

46) J. de Bl. 1545: Un main se lieve par son aube apparant En un vergier s'en entra maintenant, Dou rousseignol i a oï le chant. — A. d'A. 2222: Ce fu à un matin au cler soleil luisant; Estes vos le cembel à la

III. Messen und religiöse Gebräuche[47]).

Sobald man sich vom Lager erhoben und angekleidet hatte, ging man zum Münster, um dort die Messe (messe) zu hören und zu beten [48]). Bevor ich jedoch näher auf die Messe eingehe, möchte ich der Frühmesse (matines) Erwähnung thun, welche vor der Messe abgehalten wurde. Die Zeit, wann diese Frühmesse stattfand, kann mit Sicherheit nicht angegeben werden, da die Angaben hierüber sehr von einander abweichen.

---

porte bruiant. Et Ganor fu garis des plaies qu'il ot tant; Il ist fors du palais en un jardin moult grant, Et oy des oysiaus le deduit et le chant. — Sax. 1, 234, 11: Sebile estoit issue hors de son paveillon; Au matin fu levée, par la douce saison, Toz nus piez et an langes e[n] pur son auqueton. — Ot. 1335: Nostre emperere s'est par matin levez. Par desus l'eve d'Atilie est alez Por deporter, o lui de ses privez.

47) *A. Schultz geht nicht näher auf diesen Teil ein, cf. Bd. I, p.* 280. *Die »matines« und »vespres« erwähnt er gar nicht.*

48) Enf. O. 6956: Celui jour fu li rois matin levés, La messe oy. — ib. 7296: A l'endemain, quant jours fu ajornés, Se leva Charles, li bons rois naturés: De main lever estoit acoustumés Et d'oyr messe si tost q'ert aprestés. — R. de C. 276, 1: Au main se lieve (Bernier), s'ala la messe oïr, — Gfr. 7426: Chele nuit jut le ber lés la dame au vis cler, Desi qu'à l'endemain que le jour parut cler. Lors s'atourna Gaufrey, qui tant fist à loer Au moustier sunt alés le servise escouter. — Fl. 109: Et li rois Cloovis iert de dormir livez Et auloit oïr messe au moutier saint Privé. — A. l. B. 3, 34: Ce fu .l. jor de feste saint Martin Que li frans Dus fu levés par ma(s)tin, Va oïr messe de bon cuer et de fin. — ib. 72, 8: Au matinet sont levé li baron: Au moustier vait li gentil Bourguignon La messe oï; s'ot feite s'oreison. — A. d. B. 250, 21: Au main se lieuent li baron de franc lin, Vont oïr messe au mostier saint Martin. — G. 1047: Au matinnet quant l'aube parut clere, Thiebaut li fel a la messe escoutée. — Aub. 678: La nuis failli et li iours esclaira, Li Machabes de son lit se leva O sa moullier au moustier en ala, Selonc la loi le service escouta. — H. C. 6176: Es gourdinez s'ala ly bons rois reposer. Jusquez a l'endemain que le jour parut cler, Que le roy se leva, s'ala messe escouter. — P. d'O. 43: Li cuens Guillaumes s'est par matin levez Au moustier vet le servise escouter. — Ch. O. 98: Nostre empereres fu par matin levés, S'oï la messe au mostier Saint-Omer. — ib. 5941: Au mostier vinrent à une aube esclarie Canter ont fait hautement le service. — D. de R. 782: Au matin qu'albe sonne et li jors estoit cler En ala l'apostoille pour sa messe escouter. — D. de M. 8181: Et quant il vit le jor au matin esclairier Vesti soi et caucha, puis ala Dieu proier. — A. d'A. 2523: La Dame s'esveilla et chauça et vesti Et puis ala orer au moustier sans detri. — A. 1250: Puis ala au mostier por Dieu orrer Car le serviche Dieu n'ot oblié Car ses peres li ot bien commandé.

Bald wurde sie nach Mitternacht gelesen, noch ehe der Tag anbrach, so dass man sich, war sie beendet, noch einmal zu Bett legen konnte [49]). Bald aber fiel die Feier in die ersten Morgenstunden, wenn der Tag bereits angebrochen war [50]). Hiernach könnte es scheinen, als ob die Frühmesse mit der Messe zusammengefallen wäre; es wird jedoch die »messe« und »matines« öfters getrennt erwähnt [51]). Besser als über die »matines«, werden wir über die zweite kirchliche Morgenandacht, die »messe«, unterrichtet. Zeit und Stunde dieser Feier lassen sich jedoch ebensowenig genau bestimmen. Da man, wie wir sahen, mit Anbruch des Tages aufstand und das Ankleiden doch auch nicht viel Zeit in Anspruch nehmen konnte, darnach aber sogleich zur Messe ging, so lässt sich annehmen, dass sie in den ersten Morgenstunden abgehalten wurde [52]). Nach einigen Angaben wenigstens fiel sie aber in die Zeit der Terz, also gegen 9 Uhr des Morgens [53]).

---

49) B. de C. 811: Après le mienuit si con matine sonne, S'est levez de son lit Clarions de Valdome -- M. 248: Il est costume l'emperéor des Francs, Chascune nuit, ains l'aube aparissant, Que il se lieve à matines par tans Quant sont chantées, si s'en torne errannent Dedens son lit, en la chambre couchant. — A. l. B. 112, 28: Seignor, dist il, enque nuit m'esveillez, Car as matines iroi.

50) J. de Bl. 666: Au matinnet quant jors fu esclairiez Sonnent matines par trestouz ces monstiers, Chantent cil clerc moult très haut et moult bien. — A. l. B. 127, 12: A .1. matin, quant il dut aiorner, S'est acesmés li dus sans demorer Matines ot a .1. moustier souner Li bers i ua, qui ne se sout garder. cf. 112, 38. -- A. et A. 231: Icelle nuit l'ont il ainsiz laissié Jusqu'à demain que il dut esclairier. Nostre empereres s'est vestus et chauciez, Messe et matines vait oïr au moustier. — ib. 2320: Un diemenche que il fu esclairié Lubias s'a et vestu et chaucié; Elle en apelle douz de ses chevaliers, Messe et matinnes va oïr au monstier. Par defors Blaivies au monstier S. Michiel. — R. de M. 443, 28: Et li jours a paru et leva le soleil; Dont se leva Yons et Aymonnez le bel. A lor ostel se levent, vestu sont de nouvel, Dont vont à la capele, si passent un praiel . . . . Car d'oïr les matines avoit acoustumance.

51) R. de C. 168, 14: Il ne pert messe ne vespres ne matines. — A. et A. 234: Messe et matines vait oïr au moustier. — ib. 2323: Messe et matinnes va oïr au monstier. — Loh. I, 159, 10: La nuit s'en va et li jors esclarcit: Messe et matinnes vont au monstier oïr. — M. G. 193: Mout volentiers oï le deu service, Ne li escape ne messe ne matines. cf. 154.

52) Gar. de M. Romv. 363, 32: Quant il atorneis fu, la messe fut sonnée. — A. et A. 320: La nuit i jut desci qu'a l'ajorner. Au main se

Die Beteiligung an dieser Morgenangacht war eine sehr rege; es gingen sowohl Männer, wie Frauen und Kinder zur Messe [54]), ja sogar der König und alle seine Barone, die er im im Gefolge hatte, besuchten sie regelmässig [55]). Und selbst der

---

lieve, quant il vit le jor cler Au monstier va por la messe escouter. — J. de Bl. 1378: Jordains se couche le soir aprez souper, Jusqu'au demain que li jors parut clers. Vont au monstier por la messe escouter. — P. la D. 402: L'andemain au matin sont au mostier alé, Et Miles li traïtres est toz primiers entrez. — Enf. O. 658: Moult matinet ot la messe escoutée. — B. de C. 1839: Moult très matinet ot li dux la messe oïe. — R. de C. 297, 13: Au matinet, à l'aube aparissent Ont oït messe li chevallier vaillant cf. *ferner Anm. 38.* — G. 1047: Au matinnet, quant l'aube parut clere, Thiebaut li fel a la messe escoutée. Au matinnet, quant elle fu chantée, Ist dou moustier, n'i a fait arrestée. — Ch. O. 98: Nostre empereres fu par matin levés, S'oï la messe au mostier Saint-Omer. — D. de M. 8181: Et quant il vit le jour au matin esclairier, Vesti soi et caucha, puis ala Dieu proier. - A. l. B. 3, 34: Ce fu .l. jor de feste saint Martin Que li frans Dus fu levés par matin Va oïr messe de bon cuer et de fin. — Fl. 109: Et li rois Cloovis iert de dormir livez Et auloit oïr messe au moutier saint Privé.

53) Aub. 838: Quant tierce fu s'alerent au mostier. — Loh. I, 178, 13: Vint à Laon devant tierce un petit, Del mostier ist l'empereres Pepins Messe ot oïe entre lui et Garin. — ib. 215, 5: A Laon vint l'endemain ains midi De Saint-Vincent venoit li rois Pepins Et ses barnages, où il ot messe oï.

54) A. l. B. 83, 30: Au matinet sont chaucié et vestu, Au moustier uont cil cheuallier menbru. — ib. 250, 21: Au main se lieuent li baron de franc lin, Vont oïr messe ou mostier saint Martin. — A. d'A. 2523: La dame (Aye) s'esveilla et chauça et vesti, Et puis ala orer au monstier sans detri. — P. la D. 140: Al mostier est alée (Parise), si a la messe oïe. — Enf. O. 2549: A l'endemain, droit au jor aparant, Furent levé ambedoi li enfant La messe oïrent. — G. de B. 1629: Et li enfant alerent le servise escouter Quant la messe fu dite, mis sont au retourner. — A. 2222: Quant l'enfes coisi l'aube, si s'esbaudi, Isnellement se cauche quant fu vestis, Et vait à Sainte-Crois la messe oïr.

55) Gfr. 64: A moustier sunt alé li chevalier baron, .ii. et .ii. vont ensamble li .xii. compagnon, Et apres eus aloit leur chier pere Doon Et Flandrine lor mere, à la clere fachon; Après les chevaliers, dont i ot grant foison. Le servise ont oï avec le sarmon. — Kls. R. 638: Carles vint de moustier, quant la messe fut dite, Il e li duze per, les fieres cumpagnies. — A. l. B. 152, 8: Communialement cevalier et baron. Messe ont oïe bonnement, sans tençon. — G. 1029: La nuit s'en vait, et Dex donna le jor; Et Thiebaus oit la messe sans retor, O lui tel mil qui tuit sont en esror. — G. de V. 967: Jusc'al demain ke il duit aiorner. Kant au mostier oient les sains soner, La messe vont li bairon escouter Li dus Gerard et ses riches barniez Et Oliviers Et Lambers l'adureiz Dame Guibor et Aude o le vis cler. — R. de C. 188, 22: Nostre

Arbeiter ging nicht eher an seine Arbeit, als bis er im Münster die Messe gehört hatte [56]). So versteht es sich von selbst, dass auch der Gesandte im fremden Lande sie zu hören nicht verabsäumte [57]), und dass die Kämpfer bei Kriegszügen, war es irgend möglich, um Gott zur Unterstützung anzurufen, eine solche besuchten [58]).

Es ist bemerkenswert, dass der Ritter gewöhnlich unbewaffnet zur Messe ging und sich erst nach Beendigung derselben wappnete [59]); besonders gilt dies für einen Ritter, dem ein

empereres a sa gent asemblée. A .xxx. .m. fu le jor aesmée. Par matinet ont la messe escoutée. — Ch. O. 10773: Et l'endemain quant solaus dut lever, Kalles ot messe et Namles li barbés, Et li Danois et li flors du barné.

56) R. de M. 448, 31: Lendemain vint à l'oevre, quant il fu ajourné; Mais ne trouva nului, s'ala Deu aourer Devant l'autel saint Perre va la messe escouter, Que cantoit l'archevesques, car il devoit errer. Si comme elle fu dite, vinrent maçon ouvrer. — Loh. I. 3043: Li os Begon de Blaives departit, Par Grand-Mont va, iluec ont messe oï, Dont ert li lieus et povres et petis.

57) B. a. gr. p. 1635: L'endemain par matin, droit après l'ajornée, Se leva li messages, n'i volt faire arrestée, Au moustier St. Martin a la messe escoutée, Congié prent.

58) G. de V. 3213: *Karl bei der Belagerung von Viane.* Icele nuit est chascuns reposez, Tresc'al demain ke li iors parut cleirs Li emperere est par matin leveiz. Au mostier vait li boins rois coroneiz De bon cuer oit le servise escouté. — A. d. B. 252, 9: Et Gascelins vait la messe escouter Et Amauris, qui fu ientis et ber. Quant ele est dite, pensent der retourner. A la roine vait congié demander. — Enf. O. 656: El mois de may après une ajornée Fu l'os Charlon de Viterbe sevrée. Moult matinet ot la messe escoutée. cf. 4975: — Loh. I, 215, 5: A Laon vint l'endemain ains midi De Saint-Vincent venoit li rois Pepins Et ses barnages, où il ot messe oï. — B. de C. 1837: Moult très matinet ot li dux la messe oïe Puis isse de Barbastre, la cité seignorie Ne fu que lui trentisme de sa chevalerie; cf. Acq. 17. 31. 48. 2363. F. 6157.

59) R. de M. 319, 28. Quant messe fu cantée, et li mestiers finés Renaus vesti l'auberc, si a l'elme fermé, Et a çainte l'espée au senestre costé, Et pandi à sont col .l. fort escu bouclé etc. — ib 320, 15: Puis issi del mostier quant li prestre ot chanté, Si a vestu l'auberc, si a l'elme fermé. etc. — A. l. B. 149, 24: El moustier entrent; n'i ont plus atendu li garnement sont Saint Denis rendu. Dont Gascelin out esté revestu — G. 6395: Apres la messe n'i font delaiement Sor une coulte, ouvrée soutilment L'arma dus Naymes et Renaus ausiment. — G. de V. 2000: La nuit s'en vait, li iors prist esclairier .... A St. Morise est aleiz au mostier, Si ait oït le damedeu mestier Sus ou palais an prist à repairier. Si apellait Garin son escuier. »Amis« fait il, »vai tost sen delaier, Et si m'aporte mes garnemans plus chier, Si m'armerai san plus

Zweikampf bevorsteht. Ueber die Art und Weise, wie die Messe abgehalten wurde, ist nichts Sicheres angegeben. Der Geistliche, der »die Messe zu singen« hatte, trug unter Gesang Psalmen und Lieder vor, (daher: »chanter la messe«)[60]).

Zunächst lag es dem Erzbischof ob, die Messe, überhaupt die kirchlichen Feierlichkeiten zu verrichten[61]). Gleich ihm thaten es der Bischof[62]) und der Kaplan[63]). Befand man sich unterwegs, und war nicht Gelegenheit geboten im Münster der Messe beiwohnen zu können, so musste ein Einsiedler die Stelle des Geistlichen vertreten, und liess man sich von ihm die Messe singen [64]).

Eine dritte kirchliche Feier, die ich gleich an dieser Stelle mit in Erwähnung bringen will, fand am Nachmittage statt.

---

de delaier.« — Enf. O. 2551: La messe oïrent n'alèrent deloiant; Après la messe s'adouberent errant. — A. d. B. 6, 30: »Auberis sire, nel me deués noier, Est il coustume en cel uostre regnié Que les gens uont tot armé au mostier?«

60) A. l. B. 40, 24: En saincte Yglise en veut fère proier, Chanter les messes, et lire son sautier. — R. de R. 6575: Sonnent li saint, et vont la messe dire, Chantent vegiles et font les sautiers lire. cf. Aye d'Av. 3149.

61) G. 1153: Messe li chante l'arcevesque Guimer. — R. de R. 1326: Li arcevesques a la messe chantée. — P. de P. 5586: Puis canta l'arcivesque la mese au Roi de sus. — R. de M. 448, 31: Devant l'autel saint Perre va la messe escouter, Que cantoit l'archevesques, car il devoit errer. — F. 6033: Par .i. saint diemence, quant l'aube fu crevée, Adont ot l'arcevesques une messe cantée. — G. de B. 1628: L'archevesque Turpin ot fet messe chanter, Et li enfant alerent le servise escouter.

62) A. d'A. 345: La messe li chanta li evesques Morises — G. 6483: Messe li chante li evesques Guirrez.

63) Gfr. 8045: Quant li baron se sunt et vestu et paré, .1. gentilcapelain lor a messe canté. — Loh. II, 106, 24: La messe chante li capelains Henris. — Sax I, 241, 8: L'ampereres de France s'est vestuz et chauciez Chanter li devoit messe .1. chapelain prisiez. — F. 40: L'endemain par matin, quant solaus fu levés, Li a canté la messe li capelains fourrés.

64) A. et M. 1219: Sont descendut en l'essart d'un ermite, Ki lor dis messe sagrete e benedite. — A. 535: Li hermites s'en torne sans demorée: En sa capele en entre qui est sacrée, Si a l'enfant Aiol messe chantée. — Loh. II, 221, 23: — Passa (Begues) Gironde; au port Saint-Florentin A un hermite, qui Grantmont estaubli, Là fu confès et ses pechiés gehi. Puis s'en torna quant la messe ot oï. cf. A. le B. 37, 1.

Es sind dies die »vespres«⁶⁵). Auch diese Andacht wurde eifrig besucht⁶⁶). Für die Strenggläubigen, für Mönche und Priester, kamen ausser den genannten Andachten auch noch bestimmte Stunden am Tage hinzu, an denen sie Evangelien lesen und beten mussten. Es waren ihnen dafür »matine, tierce, nonne, vespre« und »complie« vorgeschrieben⁶⁷). Glockengeläut lud zur Andacht ein⁶⁸).

Die Hauptandacht für die Laien war, wie aus dem Vorstehenden zu ersehen ist, die Messe. Mit ihr wurden auch zum Teil die kirchlichen Handlungen, Taufen, Trauungen und Beerdigungen verbunden⁶⁹). Es mögen hier noch kurz die

---

65) Alc. 4270: De hautes vespres s'asient aa souper. — Loh. I, 2291: Vespres aprochent, solels est resconsés.

66) A. 4504: Li saint sonent as vespres, si i vont tuit. — G. de M. 497, 12: De vespres vint l'enpereres Pepins Et apres lui la franche enpereris. — R. de C. 73, 8: Vespres sont dites, Ybers vient del moustier. — A. d'A. 2383: Dame Aie la ducheise s'en repaire de vespres. - G. de N. 412: Adonc sonnerent vesprez li rois i est alés, Et li duc et li prinche et li autre barnés. — M. de G. 21, 8: Quant ont mangié et béu à loisir En la chapele l'emperéor Pepin Oent les vespres avec l'empereriz.

67) M. G. 154: »Sire Guillaume! preudom estes et sire. Si m'ait dex! nous t'aprendrons à lire Vostre santier et à chanter matines Et tierce et nonne et vespre et complie Quant serés prestres, si lirés l'evangile Et si chanterés messe.« — ib. 192: Li quens fu moines, si ot la robe prise. Moult volentiers oï le deu service, Ne li escape ne messe ne matine Tierce ne none ne vespre ne conplie.

68) J. de Bl. 667: Sonnent matines par trestouz ces monstiers. — B. de C. 811: Après la mienuit, si con matines sonne. — A. d. B. 127, 14: Matines ot a .i. moustier souner, Li bers i ua, qui ne se sout garder. — Loh. II, 4, 8: Matines sonnent. — ib. 5, 6: Li jors apert et li aube esclarcit: Les messes sonnent tot contreval Paris; A Saint-Magloire la pucelle s'en vint. - Gar. de M. Romv. 364, 1: Quant il atorneis fu, la messe fut sonnée. — G. de V. 967: Kant au mostier oient les sains soner, la messe vont li bairon escouter. — Mac. 308: Li rois se lieve as matines soner. - R. de R. 6576: Sonnent li saint et vont la messe dire. — G. de N. 412: Adonc sonnerent vesprez li rois i est alés. — A. 4504: Li saint sonent as vesprez, si i vont tuit. — Gar. de M. 5, d, 80: ains conplie sonée. cf. ib. 4, d, 24. — ib. 19, a, 4: Ne quide pas faillir ains le uespre soné. — ib. 117, c, 16: au mostier sont alé quant la messe est sonée.

69a) P. de P. 5582: E quand l'emperier vit la clartié de Titus, Vestir se fist e pues, com seignour pourçeus,...Pues cante l'arcivesque la mese aou Roi de sus. Quand la mese fu dite, Trepin sens tardier plus Entre lu e maint clerges de drais sacriés vestus Pristrent à batizier Paiens e sus e jus. cf. 1294 ff. — Sax. II, 93, 16: Par matin se leva (Challes), quant choisi la luor; Salemon fist venir et Huon le contor, ...

Ceremonien angegeben werden, die bei diesen heiligen Handlungen vorgenommen wurden.

Was zunächst die Taufe anbelangt, so war es gleich, ob Kinder oder zum Christentum bekehrte, erwachsene Heiden getauft wurden; in beiden Fällen ist Folgendes zu bemerken. Als Taufbecken diente eine Kufe, die ziemlich gross sein musste, da der Täufling in dieselbe gesetzt wurde. Diese Kufe wurde mit Wasser angefüllt, welches der Geistliche zugleich mit dem zur Salbung bestimmten Oele segnete. Dann brachte man den Täufling herbei. Er wurde, vollständig entkleidet, in die Kufe gesetzt und von dem Priester eingesegnet, indem ihm zugleich der christliche Name gegeben wurde [70]). Dem erwachsenen heidnischen

---

— R. de C. 315, 23: Sebile fist oster de la loi paienor. Et au matin alerent au mostier Le viellart home lever et baptisier. — H. de B. 8718: Et l'endemain est Hues aprestés; La demoisele ont au mostier mené, Là le bautisent ens l'onor Damedé . . . Après li a la pucele espousé.

b) Gfr. 4754: Chele nuit l'ont lessié nostre baron princhier, L'endemain par matin sunt alés au monstier. Là espousa Doon Clarise o le cler vis. — A. et A. 1969: La nuit le laissent desci à l'aube clere, Que Belissant ont au monstier menée. Li cuens Amilis l'a iluec espousée — Gar. de M. 117, c, 16: Au mostier sunt alé quant la messe est sonée Illuecques a .G. Mabilete espousée. — ib. 118, b, 27: Au matin l'a .G. deuant toz espousée. — A. l. B. 153, 22: Ainssi remest tant que il ajorna; Que les barons chascun s'apareilla. Le Rois meïsmes se vesti et chauça; Au mostier va, que plus n'i atarja. A moult grant joie Gascelin coronna; Et li bons abes la messe li chanta. etc.

c) R. de C. 331, 12: Au matinet, quant vint à l'esclarier, Chantent la messe et font le Dieu mestier: Le cors enterrent el cloistre del moustier, Puis vont à Auere sus el palais plaignier. — Rol. 3731: La noit la guaitent entresqu'à l'ajournée. Lunc un altre belement l'enterrerent.

70) R. de C. 6, 12 ff: Il fait les fons aprester au mostier, Et oile et cresme por l'enfant présaignier... L'enfant baptise qui molt est eschevis Tout par son pere Taile-fer li hardis, Mist nom l'enfant Raoul de Cambrezis. cf. 315, 21. — P. la D. 894: Li rois a fait l'anfant au grant mostier porter, Si a fait les sainz fonz benéir et sacrer. Après a fait l'enfant tot nu desveloper... L'anfant ont batisié, et li rois l'a levé. Li rois li a mis son nom. Uges l'ont apellé. — M. 1440 ff.: »Abes, fait il, de tant vos voil proier, Se vos m'amés et me tenés, point chier, Que cest enfant vos m'aliés bautisier... Prist l'enfant l'abes quant il le vout sacrer Et d'oile sainte premier regenerer; Et quant ce vint après al bautisier Ce dist li abes: »Com le volés nomer?« Et dist li rois: »Si com me fuis claimer.« Et repont l'abes: »Bien fait à otrier.« L'enfant a fait Loéis apeler. cf. 1373 ff.: — A. 8142: Al moustier Sainte Crois le menerent no Franc. La avoit une cuve de fin or reluisant: D'aigue le font emplir et beneïr esrant, Si fissent

Täuflinge wurde sein Name gewöhnlich gelassen [71]); er konnte jedoch auch geändert werden [72]). Bei Massentaufen von Heiden nach Eroberung einer Stadt wurden mehrere Kufen aufgestellt, und die Taufhandlung an mehreren Personen zugleich vollzogen [73]). Es war nötig, dass bei der Taufe auch Taufzeugen zugegen waren und dieses Amt übernahm bei Bekehrungen von Heiden der König selbst mit seinen Baronen [74]). Auch in diesem Falle mussten Frauen auch Mädchen ebenso wie die Männer sich völlig

---

la pucele baptisier esraumant. — F. 5927 ff.: D'une clere fontaine la cuve raempli, Et li rois et li autre pourcession sivi. Quant li fons sont saignié, ja fu plus de midi.

71) C. L. 1272: Li apostoiles ne s'est mie targiez Ainz a les fonz moult tost apareilliez: Le roi i ont levé et baptisié ... Mès de son nom ne li ont pas changié, Ainz li afferment au non de crestien. — Gfr. 9164: Onques au baptizier son nom n'i canja on, Que ne le vout souffrir Berart le gentis hom. — A. d'A. 4091: Puis commande un evesque les fons à aprester; Après se va li rois de ses dras desnuer. Sanson fu son parrein et Guyon au vis cler; Mès le non de Ganor ne li font pas oster, Adès le font Ganor, si com devant, nommer. — F. 6013: Ne li ont pas son nom cangié ne remué. — A. 8148: Ainc son non ne li vaurent cangier ne tant ne quant En la loi crestiane la le vont confremant, Mirabaus ot a non issi comme devant. — F. de C. 133, 21: Puis les ont fait enoindre et en l'eaue lansier: Onc ne lessa Guillaume nul de leur nom changier.

72) R. de C. 315, 21: Et au matin alerent au mostier Le viellart home lever et baptisier. Au baptisier l'apellent Aingelier. — Gfr. 9166: Et puis ont baptisié le bon vassal Lion; Le bon duc de Bretaigne li a donné son nom: Salemon le convers l'apelent li baron. — F. 1842: Tost et isnelement ont uns fons aprestés. En l'iauge le plongierent: parrins i ot assés. Autrenons li est mis et li siens remués: Floriens ot à non, en baupteame apelés Mais, tant com il vesqui, fu Fierabras nommés. — P. d'O. 1868: Le nom li otent de la paieneté.

73) A. d'A. 4092: Puis commande un evesque les fons à aprester; Après se va li rois de ses dras desnuer ... Puis a fet ses barons Ganor crestienner. — Gfr. 9146 ff.: .п. cuves empli il sans point d'aresteison ... En la cuve l'ont mise li nobile baron ... Onques au baptizier son nom n'i canja on, Que ne le vout souffrir Berart le gentis hom. Et puis ont baptisié le bon vassal Lion. Le bon duc de Bretaigne li a donné son non: Salemon le convers l'apelent li baron. — Sax. II, 94, 20: Dames et damoiseles a fait chrestienner. — P. de P. 1298: En suen lit trosque à l'aube. Quand le jour resclarist, Lour se leva le roi e pues a Trepin fist Sacrer le temple Venus a l'onour Yhesu Christ, E pues s'apareila Trepin e mese dist ... E le roi fist a tuit donier le saint batist. etc. — ib. 5587: Pristrent à batizier Paiens e sus e jus. — F. de C. 133, 28: Puis les ont fait enoindre et en l'eaue lancier.

74) F. 1843: En l'iauge le plongierent: parrains i ot assés. — A. d'A. 4093: Après se va li rois de ses dras desnuer. Sanson fu son parrains et

entkleiden [75]). Von den Taufpaten wurde nach vollzogener Handlung der Täufling aus der Kufe gehoben, angekleidet und reichlich beschenkt [76]).

In gleicher Weise wurden vielfach die Trauungen mit der Messe verbunden (cf. Anm. 69b) und somit schon am frühen Morgen vollzogen.

Nachdem der Altar zur Feier geweiht war [77]), fragte

Guyon au vis cler. — C. L. 1272: Ainz a les fonz moult tost apareilliez: Le roi i ont levé et baptisié. Parrains li fu Guillaumes li guerriers Et Guielins et li cortois Gautiers, Et bien tex .xxx. de vaillanz chevaliers. — A. et A. 24: Et lor parains qui ot non Yzorez Fu apostoiles de Romme la cité. cf. 1041.

75) Gfr. 8152: Adonc s'est desvestue la belle o le chief blon, En la cueve l'ont mise li nobile baron ... F. de C. 133, 25: Les pucheles amainent François et Berruier; Devant tout le barnage les firent despoillier Eles furent plus blanches que n'est fleur d'ayglentier. — F. 5999. ff.: La puciele despoullent, voiant tout le barné. La car avoit plus blance que n'est flours en esté. — P. d'Or. 1864. ff.: Une grant cuve avoit fet aprester, De l'eve clere firent dedenz giter. Là fu li vesques de Nymes la cité, Orable firent de ses dras desnuer, Il la baptisent en l'onor damedé: Le nom li otent de la paieneté.

76) P. la D. 901: L'enfant ont batisié, et li rois l'a levé — J. de Bl. 24: Cil le leva des sains fons et de l'aigue. — A. et A. 26: Ses parrinnaiges fist forment à loer, Or et argent lor donna à plenté Tyres et pailes des meillors d'outremer Et a chascun fist un hannap donner. etc. — ib. 1041: »Moi et voz fumez en une hore engendré Et en un jor et en une nuit né Et enz un fonz baptizié et levé; Et noz parrins, qui ot non Yzorez, Ses parrinnaiges fait forment a loer, Or et argent noz donna a plenté Et a chascun fist un hanap donner.« — Alc. 7906: Isnelement fist un fonz aprester, En une cuve qui fu de marbre cler, Qui vint d'Arrabe en Orenge par mer. El fonz le metent: quant l'ont fet enz entrer, Sel baptiza li vesques Aymer. Bertrans l'en lieve et Guillaumes li ber, Del fonz le traient sel vont enveloper. cf. 8131 — A. 8145: Si fissent la pucele baptisier esraumant. La le leva li rois et li mieus de sa gent, Lusiane la bele al gent cors avenant. — Gfr. 9161: La bele baptisa u nom saint Syméon. Garins fu son parrain et Do et Salemon ... Après l'ont revestue d'un riche siglaton. — ib. 9170: Son parrain li donna premierement son don Saint Malo en Bretaigne; ainsi l'apele on. Et Bernrt le gentil, à la fière fachon. Si adonné la terre Mochier le mal felon. — É. de St. G. 2661: Tout maintenant le fissent beneïr et sacrer; Dieus, com riche pressent i ot le jor doné! Aymeris de Nerbone i courut au lever, Julien de Saint Gille et Loeys li ber, Guillaumes li marcis et li franc .xii. per. Quant Elies les voit,. s'est cele part alés. Isnelement et tost est courus au lever.

77) F. de C. 134, 6: Quant ot paré son cors, sacré autiax bénois, Il demande espousailles bons aniax d'or ou prois... — Gfr. 4679: Gaufrey si a Doon parmi la main combré, Si li donna Clarice, la belle au cors

der Geistliche zunächst die Braut, ob sie den Bräutigam zum
Gemahl haben wolle; dann wandte er sich mit derselben Frage
an den Bräutigam [78]). Hatten die Verlobten gegenseitig ihre
Zustimmung gegeben, dann folgte die Einsegnung, indem das
Brautpaar mit einem Tuche bedeckt wurde [79]). Es wurden
bei der Trauung wertvolle mit Edelsteinen besetzte Ringe
gewechselt [80]), wie überhaupt der Ring das Zeichen für ein
eingegangenes Freundschafts- oder Liebesverhältnis war und
besonders gegeben wurde, wenn der Ritter zum Kampfe aus-
zog [81]). Dem Ritter bestimmte nicht selten sein Herr eine

moullé, Et Girart le petit ra il l'autre donné. Symon le capelain a l'autel
apresté. cf. A. l. B. 94, 19.

78) A. l. B. 157, 17: »Dame,« dist il, »uoules le Borgignon?« »Oïl,
biau sire, que moult m'est bel et bon.« Et puis apele Auberi par son
nom: »Voles Guiborc a trestout le roion?« Dist Auberis: »oïl, par saint
Fagon; Molt a grant tens, que ie desir cest don.« — Gfr 7170: Turpins
li archevesque, à la chiere membrée, A demandé Berart se la dame li
grée. »Oïl, chen dist Berart, de cuer et de penseé.« — Et vous? dist
l'archevesque, douche dame senée, »Vous grée bien Berart, à la chiere
membrée?« — Oïl, dist Flordespine, bien me plest et agrée.« Adonques
la li a l'archevesquée affiée.

79) A. l. B. 36, 26 ff.: Auberi a la Dame espousée, Et li hermite a la
messe chantée. Deu! con grant joie li baron ont menée! Grant fu l'offrende,
que il ont presentée. Desous .i. paile, que fist fère une fée, Fu la Roïne
beneïte et sacrée. Gfr. 4687: Les espouses ont misez dessous le couvertour.
— D. de M. 11318: Quant sous le couvertour l'orent encourtinée, Et le roi
la roïne a par la main combrée, Dessous le couverteur l'a lés li aclinée;
Do i maine tantost Flandrine le senée; Dessous furent tous .vi. par joie
et par risée. Quant la benëichon fu sus Garin jetée. — Ot. 2093: A la
loi Dieu se sont entre-espousé Quant sont sacré, arrière sont torné. —
A. 8311: Le jor fu Mirabieus beneïte et sacrée. — F. 6019: Puis les à
l'arcevesques benéis et sacrés.

80) F. de C. 134, 7: Quant ot paré son cors, sacré autiex bénois, Il
demande espousailles bons aniax d'or ou prois, Et trente mars d'argent,
.u. sous de margoillois. — A. d'A. 2000: Trait a un anelet dont il l'ot
espousée; Où ot .u. riches pierres precioses et cleres, Et la tierce y estoit,
qui ert vaillant et clere. cf. 2009. — Gar. de M. 58, c, 5: Puis vos
espousera a .i. anel d'argent.

81) Sax II, 20, 20: Sovant baise et acole par fines amistiez. L'anel
s'amie prant, donez l'an est congiez. — A. 3754: Son oste les envoie
droit a Poitiers C'un anel li dona par amistiét — G. de V. 4034: (Roll.)
Baisait Audain, sa bele amie gente, Et en apres sen anel li commande.
Elle li ait bailié anseigne blanche, Dontil fist puis mainte reconoisance,
Kant il alait en la terre d'Espaigne. — Gar. de M. 60, c, 19: & cele uit
sa main que forment blancona Vn anel i coisi que ele li dona Tot le pre-
merain ior que a li s'acointa.

Dame zur Frau⁸²), und wenn eine Dame sich in einen Ritter
verliebt hatte, dann wandte sie sich an dessen Herren, um
sich von ihm diesen ihren Geliebten als Gatten zu erbitten ⁸³).
Der Verlobung folgte oft sogleich die Vermählung ⁸⁴).

Wollte sich ein Christ mit einer Heidin, oder umgekehrt
ein Heide mit einer Christin vermählen, so musste sich die
Heidin respective der Heide erst taufen lassen. Es folgte dann

82) R. de C. 266, 13: (Karl) Voit Herchembaut, si li dit en oiant:
— »Prenés la dame, que je la vous commant.« — »Sire, fait-il, vostre
merci vous rens.« — D. de M. 8094: (Garin) »Et une damoisele dont je
cuit estre amés, Ay amenée chi, que je sui ses jurés; Mais ja sans vous
nen iere, se Dex plest, mariés. — Gfr. 4679: Gaufrey si a Doon parmi
la main combré, Si li donna Clarice, la bele au cors moullé, Et Girart le
petit ra il l'autre donné. — A. d'A. 77: »Tenez Aye ma niece, la fille
Antoine au duc.« »Vostre merci, biau sire,« ci li a respondu. — Gar.
de M. 29, a, 7: Or voil da damoiselle que vos le me rendez pus que
sirez en estez & le poir en auez — ib 118, b, 20: Or le uos requier
sire si vos plaist & agrée & vos le me donéa a moillier esspousée & li
rois la tantost parmi le poing combrée Tenés ic le vos doins por bone.
destinée & uos qui le maues por rouer demandée Vos doins de paresis une
grant somerée. etc. — Bat. d'Alc. 7797: Li cuens Guillaumes qui moult
l'aime et tint chier Li veut doner Aeliz à moillier, Sa belle nièce qui
molt fet à prisier. cf. 7814. cf. G. de V. 3047.

83) G. de N. 788: (Ayglentine): »Tel mari me donez qui
sache du mestier. — Volentiers, dist le roy, lessiez m'ent conseillier.
Et a dist à Hervieu: »Tenez cheste mollier.« — E. de St. G. 2687 ff.: —
»Signor, dist la puchele, tout che laissiés ester; Puis c'ai perdu Elie
que tant jor ai amé, Por l'amor del baron Galopin me donés.« Quant
li baron entendent, cele part sont alé. Aymeri de Nerbone i fu as fois
doner: Sor les saintes reliques font Galopin jurer Qu'il penra la puchele
à mollier et a per. Et Galopins respont: Si con vous commandés. *Floripas
hat sich in Gui verliebt und bittet Roll. zu vermitteln, dass Karl ihr den
Geliebten zum Gemahl giebt:* — F. 2808: »Sire, ce a dit Guis, ne place
Damedé Que j'aie ja moullier en trestout mon aé, Se nel me donne Karles, li
fors rois couronnés.«

84) Ot. 2086: Karles li rois a Oton apellez, Et il i vint, bel s'i est
presentez; Sa fille mande par Naimes le barbez, Cil l'i amaine, n'i a
pas demorez. Karles la donne à Oton le senez. Tot maintenant sont au
mostier alez. — Loh. I. 158, 11: Par le poing destre a sa seror saisi,
Fromont la donne, voiant tot ses amins N'i ot nul terme, ne jor n'i ot
assis: Mais maintenant au mostier sunt guenchis: Clercs et provoires i
ot au benéir. Espousé sont. — Gfr. 4679: Gaufrey si a Doon parmi la
main combré, Si li donna Clarice, la belle au cors moullé, Et Girart le
petit ra il l'autre donné, Symon le capelain a l'autel apresté ...R. de C.
266, 14: »Prenés la dame, que je la vus commant.« — »Sire, fait-il, vostre
merci vous rens.« Passa avant et par la main la prent. Onques n'i ot
plus de délaiement. A .1. mostier l'anmainnent errament. Là l'espousa
Herchanbaus li vaillans . . .

aber nach der Taufe ohne Verzug die Trauung⁸⁵). Auch dieser heiligen Handlung, ebenso wie der Taufe, folgten grossartige Festlichkeiten, die oft über 8 Tage währten; ich werde weiter unten des Näheren davon zu sprechen haben.

Mit der Messe wurde zuweilen, wie schon angegeben (cf. Anm. 69c), auch noch die Bestattung der Gestorbenen verbunden. Der Leichnam wurde in einen prächtigen, auch steinernen Sarg gelegt⁸⁶).

Der Held, der sich im Kampfe gegen die Heiden besonders hervorgethan und Verdienste errungen hatte, wurde im Münster vor dem Altare zur Ruhe bestattet⁸⁷), und auch angesehene

---

85) P. d'Or. 1862: Oriable firent de ses dras desnuer, Il la baptisent en l'enor Damedé . . . S'ala li cuens Guillaumes espouser. — F. de C. 133, 21 ff.: Mahom et Apolin leur ont fet renoier. Puis les ont fait enoindre et en l'eaue lansier. Quant ot paré son cors, sacré autiex bénois, Il demande espousailles bons aniax d'or au prois. — H. de B. 8719: Le damoisele ont au mostier mené, Là le bautisent ens l'onor Damedé . . . Après, li a la pucele espousé. — Sax. II, 93, 20: Sebile fist oster de la loi païenor. L'arcevesque de Rome la baptisa le jor, Baudoin corona et espousa le jor. cf. 94, 19. — F. 6007: Ens es fons c'on avoit pour Balant apresté, Ont donné la puciele sainte crestienté . . . Tout droit enmi la plaice en sont avant alé; Iluec a l'arceveques l'un à l'autre donné. — A. d'A. 4086: — »Sire, ce dist la dame, or vos fist Diex parler. Se volez que vous doie de loial cuer amer, Je requier que vous faites vo gent crestianner Et vostre cors en fons baptiser et lever; Par se tour porrons nous no .u. dons acorder.« Ot la li rois Ganor, si la court acoler, Puis commande un evesque les fons à aprester; Après se va li rois de ses dras desnuer.

86) Loh. II, 271, 24: En un sarcuel qui fu de marbre bis Cochent le duc en terre le r'ont mis. Après l'ont fait mout richement covrir; Un paile d'Ynde ont desus le cors mis, La sepolture tote faite à or fin, Et par desore ot sa samblance escrit. La lettre dit qu'il ont desor lui mis: Ce fu li mieuldres qui sor destrier séist. — Rol. 3688: En blancs sarcous fait metre les seignours, A Seint-Romain: là gisent li baron. — A. d'A. 3149: Iluec l'ont sepeli desoz un marbre blanc; L'on li chanta sa messe, puis l'enterrent atant. — R. de M. 23, 35: Après la messe l'ont an .i. sarcui boté. — R. de C. 331, 12: Chantent la messe et font le Deu mestier: Le cors enterrent el cloistre del mostier.

87) R. de C. 145, 29: Quant Raoul orent enterré au mostier. — A. l. B. 124, 4: L'Abé meïsmes la messe li chanta. Près d'un autel le bon Duc enterra; En .i. sarqueu illoeques l'esposa. — A. d'A. 2871: Les .u. contes emportent laiens en .i. moustier. Plus de .LX. clers y lisent lor sautier; . . . En .u. sarqueus de marbre à porfire entaillié, Ilec sont sepelis et belement coilliés. — M. de G. 161, 22. Li dus de Mez les fait bien costeïr, Mien escient, et bien ensevel lier, . . . A Mont-Saint-Vane les fist porter Garins Et en l'encloistre enterrer et gésir. cf. Loh. II. 245, 14 ff.

Fürstinnen und Königinnen erhielten dort ihre letzte Ruhestätte[88]).

d) Opfer. (Offrande).

War der Gottesdienst beendet, so wurde, bevor man den Münster verliess, noch ein Opfer dargebracht, welches auf den Altar gelegt wurde[89]). Dies geschah auch, wenn man ausser der Andacht in das Gotteshaus trat, um dort ein Gebet zu verrichten[90]); besonders gross und reichlich wurde es bei

---

88) Rol. 3728: Ad un mustier de nuneins est (Aude) portée La noit la guaitent entresqu'à l'ajurnée Lunc un alter belement l'enterrerent. Molt grant honur i ad li rois dunée. — M. G. 54:₁ (Guiborc): Droit au mostier ont la dame porté, Bien hautement ont li prestre canté Après la messe ont la dame enterré. — M. de G. 222, 3: A Saint-Arnol furent en terre miz. En deus sarqueus de marbre vert et biz Furent li corz des deux duchoises miz.

89) Sax. II, 56. 12: L'ampereres de Rome a la messe escoutée, De .ш. mars de fin or l'offerande a portée. — R. de M. 23, 32: L'arceveske Hermans, c'on tint a bien letré, L'offrande fu mult grande, quant Charle i fu alé. — ib. 320, 15: Au mostier s'en ala le service escouter; Molt fu riche l'ofrande qu'il mist desor l'autel Puis issi del mostier quant li prestre ot chanté. — ib. 381, 24: Lendemain, par matin, partent de la mirande Maugis oï la messe, si fist gente offerande. — A. et A. 233: Nostre empereres s'est vestus et chauciez, Messe et matines vait oïr au moustier. Il fist s'offrande puis s'en est repairiez. — P. la D. 406: A grant mostier saint Gile font la messe chanter Li dus Raimons offrit .ш. pailes roez. — G. 360: Li chapelains de chanter se hasta; Il dist la messe, et li dus (Gayd.) l'escouta. Grans fu l'offrande que li dus offert a. Dou moustier ist quant la messe fina. — R. de C. 145, 25: L'evesques chante la messe hautement: Offrande i ot et bèle et avenant. — ib. 320, 1: .1. paile offri desor le maistre autel. — A. l. B. 37, 3: Grant fu l'offrende, que il ont presentée . . . Du mostier issent, quant messe fu chantée.

90) Ch. de N. 843: Li cuens Guillaumes vet au mostier orer: .ш. mars d'argent a mis desus l'autel. Et .ш. pailes et .ш. tapiz roez. — A. 1922 ff.: Quant Aiols ot Jhesu trés bien proié, Puis sacha de sa borse .ш. deniers: Sor l'autel les a mis li chevaliers Par non de sainte offrande molt volontiers. — ib. 8222: Qu'il vait a Sainte Crois Dieu proier et ourer Il prent .ш. mars d'or, ses a mis sor l'autel. — Kls. R. 110: E vienent al mustier; offrendes i unt mises. — R de R. 7429: Moult riche offrande i a sor l'autel mise. — Aq. 32: A saint Michel ala fere son oraison, Et y fist moult riche et grande oblicacion Ung marc d'argent ofrit et ung riche mangon.

91) Aq. 2326: A l'Arcevesque fist la messe chanter; Grande fut l'offrande qu'il y fist presenter; De bons deniers fut conblé ly auter. Et de bon or et d'argent blanc et cler. — A. l. B. 37, 1: Auberi u la Dame espousée... Grant fu l'offrende, que il ont presentée. — M. G. 56: Bien hautement

festlichen Gelegenheiten gespendet [91]). Es bestand das Opfer gewöhnlich in Geld [92]), daneben wurden aber auch kostbare Tücher und Teppiche [93]), goldene Ringe und andere Schmucksachen gegeben [94]).

Es wurde beim Opfern wohl eine bestimmte Ordnung innegehalten, so, dass zunächst der Fürst, dann seine Barone und darnach die Frauen und Kinder opferten [95]). Zuweilen legte ein Ritter seine Waffen oder Rüstung auf den Altar [96]),

ont li prestre canté, Grant fu l'offrande que il i ot doné, Après la messe ont la dame enterré. — C. L. 42: Li apostoiles de Rome chanta messe Cil jor i ot si bele offrande fète Que puis cele heure en France n'ot plus bele. — R. de M. 23, 34: L'ofrande fu mult grand, quant Charle i fu alé. Après la messe l'ont en .i. sarcui boté. — R. de C. 145, 25: L'evesques chante la messe hautement: Offrande i ot et bèle et avenant Puis enfoïrent le vasal combatant.

92) Sax. II, 56, 12: De .m. mars de fin or l'offerande a portée. — Aq. 2327: Grande fu l'oferande qu'il y fist presenter; De bons deniers fu conblé ly auter Et de bon or et d'argent blanc et cler. — G. 1136: Il vait offrir, com chevaliers membrez, Un marc d'argent et un paille roé. — A. 1923: Puis sacha de sa borse .iiii. deniers: Sor l'autel les a mis li chevaliers. — ib. 8224: Il prent .iiii. mars d'or, ses a mis sor l'autel. —R. de M. p. 114: Desor le mestre autel a mis .i. marc d'or mier. Quant ot fait s'orison, mist soi el repairier.

93) R. de C. 319, 30: .i. pail offri (Bernier) desor le maistre autel. — G. 1136: Il vait offrir, com chevalier membrez, Un marc d'argent et un paile roé. — P. la D. 407: Li dus Raimons offrit .iiii. pailes roez. — Ch. de N. 844: .iii. mars d'argent a mis desus l'autel Et .iiii. pailes et .iii. tapiz roez Grant est l'offrande que li prince ont doné. — Loh. II, 28, 13: La messe chantent par les maistres autés Begues ofri un vert paile roé, Et la roïne ofri un antre tel. — Aq. 31: A saint Michel ala fere son oraison, Et y fist moult riche et grande oblicacion Ung marc d'argent ofrit et ung riche mangon.

94) A. et A. 1644: Vient au monstier, s'a faite s'orison. Un anel d'or i a offert le jor. Puis s'en repaire à son ostel el borc. — A. d'A. 345: Il (Garnier) offri de besans qui bien valoit .c. livres, Et Aie la duchoise et noches et afiches.

95) A. l. B. 138, 14: Le Ber i offre .i. riche paile chier; Et après offrent li baron cevalier, Et la Roïne, et sa fille au vis fier. — Ot. 264: Un hanap d'or fit Karles aporter, De parisez le fist treetot conbler; L'offrande fet, et puis li .xii. per. cf. Loh. II. 28, 13. (Anm. 93). A. d'Av. 345. (Anm. 94).

96) A. l. B. 149, 24: El moustier entrent; n'i ont plus atendu Li garnement sont Sainct Denis rendu, Dont Gascelin out esté revestu. — M. de G. 218, 12: Enz o mostier li dus corant se mist; Desor l'autel vait son escu ofrir, Deu reclama qui onques ne menti.

dann musste er aber, wollte er dieselben einst wieder in Gebrauch nehmen, dafür ein Lösegeld geben [97]).

Es würde wünschenswert sein, dass ich hieran noch andere religiöse Gebräuche fügte, die in den Chansons de geste mit Recht als tägliche Lebensgewohnheiten bezeichnet werden können. So ist vor allen Dingen das Gebet hierher zu rechnen, das in diesen Epen eine so wichtige Rolle spielt. Ich glaube mich dieser Aufgabe aber um so eher entziehen zu dürfen, da dieselbe schon in der Marburger Dissertation von Johannes Altona: «Gebete und Anrufungen in den altfranzösischen Chansons de geste. (Ausg. u. Abh. IX.) eine specielle Bearbeitung erfahren hat. Ich wende mich daher zu dem folgenden Abschnitte:

IV. Essen und dabei vorkommende Gewohnheiten.

a) Zeit des ersten Mahles.

Ob man während der Zeit vom Aufstehen bis zum Beginn der Messe schon einen Morgenimbiss eingenommen hatte, davon wird in unsern Texten nichts erwähnt. Wir müssen annehmen, dass dies nicht geschehen ist[98]), denn wir sahen ja, dass sofort nach dem Aufstehen und Ankleiden die Messe besucht wurde. Sichere Beweisstellen liegen uns nicht vor, wenigstens so weit nicht, als sie sich auf normale, christliche Verhältnisse beziehen. Ausnahmen kamen vor, und man ass schon am frühen Morgen unmittelbar nach dem Aufstehen

---

97) M. G. 87. ff.: »(Guillaume) Saint Julien! jo vus conmant ma targe; Par tel couvent le met en vostre garde, S'en a mestier Loëys le fil charle, Et mon fillieul, qui tient mon iritage Contre paiens la pute gent savage, Rependrai jou, si vous rendrai trounge .iii. besans d'or; au noel et a paské Les vos rendrai à trestout mon ager.« Li quens l'a prise par la guige de paile, Portée l'a desour l'autel de marbre. — C. L. 317: Au mostier vet le service escouter: Totes ses armes fet metre sus l'autel, De l'or d'Arrabe les volt puis rachater. — Ot. 264: Un hanap d'or fit Karles aporter .... L'offrande fet, et puis li .xii. per. Rollans ofri Durendal son bran cler, Pour la rençon i fist .x. mars donner.

98) *Auch A. Schultz I. p. 281 giebt nichts Sicheres hierüber an.*

in aussergewöhnlichen Fällen tüchtig, wie in Kriegszeiten, oder wenn eine Reise bevorstand, die man mit Beginn des Tages antrat [99]). Die Heiden scheinen stets nach dem Aufstehen kräftig gegessen zu haben; sie gingen nicht zur Messe und daher hatten sie Gelegenheit, das Frühmahl schon ganz am Morgen einzunehmen [100]).

Die epischen Dichter beschränken ihre Angaben bezüglich der Mahlzeiten auf das Mittag- und Abendessen, als auf die Hauptmahlzeiten; doch lässt sich die Zeit beider nicht mit Sicherheit feststellen, sie war wohl in den einzelnen Gegenden verschieden. Für gewöhnlich wurde das Mittagessen (»disner« oder einfach «mangier« genannt) unmittelbar nach der Messe eingenommen und hing es lediglich davon ab, dass diese früher oder später abgehalten und beendet wurde [101]) [cf. Anm. 52, 53]. Wir

---

99) Gfr. 2340: L'endemain par matin, quant soleil fu levés, Sunt u palès venus; là ont fet atourner A boire et a mengier largement aprester. Gaufrey et tous ses freres vont as estres ester. — ib. 9325 ff.: Tout issi l'ont lessié jusqu'a l'ajournement Que les tables ont mises sans nul delaiement. Moult furent bien servi de vin et de piment, Char fresche et char salée et oisiax ensement Fromer but et menja assés et largemefft, Puis a vestu l'auberc, laché l'elme luisant. — P. la D. 2809: Quant li dus fu levez, s'asistrent au disner; Puis est venus au conte por congié demander. — D. de M. 5738: Dont leverent des lis, si se sunt atourné. Quant il furent vestu et il orent lavé Et encontre orient Damedieu aoré, Waudri mist entre .n. un grandisme pasté Sus une blanche nape puis a vin apporté. cf. 3854 ff. — H. de B. 8462: Par matin sont nostre baron levé . . . A icest mot, s'asient au disner; A mengier orent et à boire à plenté etc.

100) Gfr. 8639: A icheste parole s'est levé Gloriant, Et il et la puchele laverent tout avant . . . Puis s'asiet Machabré et le roi Gloriant, Et toute lor mesnie maint et quemunalment. Moult bien furent servi du toyt à lor talent. Si com l'en ot servi du premier mes avant.

101) Gfr. 69: Le service ont oï aveques le sarmon, Puis vindrent u palès, où apresté ot on Le mengier bel et bon, et planté et foison. Dont ont donnée l'eve escuiers et garchon; Au mangier sunt assis sans plus d'arresteison. — ib. 4754: L'endemain par matin sunt alés au moustier . . . Et puis sunt reperiés sus u palez plenier Li serjant donnent l'eve, s'asistrent au mengier. — ib. 7450: Aprez la messe vont u palès pour disner. — G. de V. 968 ff: La messe vont li bairon escouter . . . Kant li servises fuit dis et deviseiz, Del mostier issent, el palais sont monté. Au maistre dois est Gerars acouteiz. — Loh. II, 158, 19: Et Fromondins, par main la messe oï, Puis a mangié et béu un petit. — Loh. I, 147, 6: La messe oït au moustier Saint-Quentin Puis en revint au palais marberin. L'esve demandent, au mangier sunt assis. - Aq. 2366: Pour oïr messe

können hiernach dieses erste Mahl etwa in die Zeit von acht bis nach neun Uhr legen [102]). Es wird an andern Stellen nun allerdings noch als Essenszeit die Mittagsstunde, wenn auch nur im Allgemeinen (à midi), angegeben, doch war das Essen um diese Zeit nicht regelmässig und geschah nur in Ausnahmefällen, in Kriegszeiten oder wenn bei feierlichen Processionen die Messe länger als gewöhnlich gewährt hatte [103]). Anders wohl bei den Heiden, bei denen die Mittagsstunde die Zeit des Mittagsessens gewesen zu sein scheint, und wäre dies auch gerechtfertigt; denn wenn sie schon am frühen Morgen zum ersten Male assen, so werden sie wohl zu Mittag eines zweiten Mahles bedurft haben [104]).

b) Zeit des Abendessens.

Ebenso unsicher, wie die Zeit des Mittagsessens, lässt sich die des zweiten Hauptmahles, des Abendessens bestimmen, und war auch hierfür keine bestimmte Stunde festgesetzt. Einmal

---

est au moustier allé. Puis est ly roys ore au palays monté, Et le menger fut moult riche apresté; Assis se sunt, quant chascun ot lavé. — F. 41: Li a cante la messe li capelains fourrés. Après fu li mengers gentement aprestés. — F. de C. 47, 2 ff.: Del mostier issent, quant ele fu finée... Vint en la sale qui de marbre est pavée, En l'auçor dois est la dame montée etc. cf. Alc. 4477. M. de G. 22, 1. 225, 6. R. de C. 188, 24. Gar. de M. Romv. 363, 35.

102) Aub. 838: Quant tierce fu, s'alerent au mostier, Illec ont tout oï le dieu mestier, Puis s'en reuont en el palais plenier. Après lauer s'asirent au mangier, Mais eurent bons pour leur cors aaisier.

103) H. de B. 6741: Ainc ne finerent tote jor de sigler. Desc'à cele eure miedis fu sonnés; Adont s'asisent là dedens au disner. — ib. 8788: A miedi vaurra laiens disner. — A. 2225: Et vait à Sainte Crois le messe oïr. Et sieut procession jusc'au midi; .... A l'ostel s'en repaire quant tout fu dit; Li mangiers fu tout prest quant il revint. — Aub. 678: Li Machabes de son lit se leva, O sa moullier au moustier en ala, Selonc la loi le service escouta. Quant il fu dis el palais repaira, Et si baron, miedis estoit in; Li mangiers est pres, cascuns d'aus mania. — M. de G. 106, 16: Il ont mangié, un po apres midi. — D. de M. 9200: Onques n'i ot parlé chele nuit de souper, Tont que vint à midi, que le roi dut laver.

104) F. 2727: — »Sire, dist Floripas, ja est tans de digner; Se or faites justice, amirans, rice ber, Vous ne mangeriés mais si ert midis passés.« — H. de B. 5619 ff.: Vers le palais s'en va Hues li ber; Tant atendi el palais à entrer Que l'amirés fu assis au disner.

wird die 9. Stunde, also Nachmittags 3 Uhr [105]), an einer andern Stelle die Zeit vor der Vesper [106]) als Zeit des Abendessens erwähnt.

Gewöhnlich nahm man das Abendessen wohl nach der »vespre« ein, wenn der Abend anbrach; denn bald, wenn es beendet war, ging man zur Ruhe [107]), [cf, Anm. 1 u. 2.] Was sonstige Angaben bezüglich dieser Mahlzeiten anbelangt, so sind sie für beide gleich und glaube ich in Folge dessen auch beide zugleich behandeln zu können.

c) Bereitung der Tafeln.

Es wurde das Essen in einem besondern gepflasterten Saale eingenommen, der auch mit prächtigen Bildern geschmückt war [108]).

---

105) R. de M. 356, 21: Quant il fu priès de none, s'asistrent au souper Tout ont mangié iki, ne porent rien sauver Tant ont de vin beü, n'en ont point au lever.

106) M. de G. 21, 8: Quant ont mangié, et béu à loisir, En la chapele l'empereór Pepin Oït les vespres avec l'empereriz.

107) D. de M. 5580: Et quant ce vint le soir, qu'il estoit avespry... Desarmez se sont tous les felons que je dy Le queux a apointé le mangier sans detry. — Alc. 4270: De hautes vespres s'asient au souper. — Loh. 1, 291: Vespres aprochent, solels est resconsés, Li baron ont et mengié et sopé. — F. d. C. 125, 23: Le vespre aproche; au soleil esconser Mil Esclavon se courent aprester A .xv. gresles ont fet l'eaue corner. — Gar. de M. 83, b, 22: Au mangier sont assis li vespres aprocha puis alerent dormir tant que il aiorna. — F. 3838: L'assaut a fait laissier, car près ert d'avesprer, Et il et si baron sont assis au souper. — H. C. 1223: Quant vint aprez souper, lez tablez font oster; Ceschun vers son hostel s'en va pour reposer. — Ot. 261: Nostre emperere est assis au souper, Et entor lui si demaine et si per. Quant ont soupé, si s'en vont reposer. — ib. 664: Après mangier, si est cheschuns levez, Li rois meïsme est en sa chembre alez. Dormir se vont, si ont les uis fremez Jusqu'au matin, que le jor paru cler. — H. de B. 7963: Li jors defaut, asis sunt au souper. Après mengier, sont alé reposer. — Gfr. 4579: Assés ont pain et vin et char et veneson, Moult furent bien servi par dedens Grellemont; Puis alerent dormir li chevalier baron. cf. Ren. de M. 329, 8 ff.

108) R. de C. 188, 25: Après (la messe) monterent en la sale pavée — F. de C. 46, 34: Bertrans a Anfelise guiée Vint en la sale, qui de marbre est pavée. — B. de C. 2985: Gerars et Guis s'en vienent en la sale pavée. — J. de Bl. 1509: Jordain enmainent en la plus maistre sale Au lavoir vait Jordains, ses mains i lave. — G. de M. 511, 1: Dedans entra Fromons li posteïs, Desous la salle dessant en .i. jardin. — Gfr. 4577;

An schönen Sommertagen wurden, besonders bei Festlichkeiten, die Tische auch im Freien, im Garten oder auf einer benachbarten Wiese, aufgeschlagen, und dort das Mahl zubereitet [109]). Auch in dem Speisesaale wurden die Tische gewöhnlich erst vor Beginn des Mahles aufgestellt [110]). Der Tisch, an dem der König, oder der beim Mahle Gefeierte, Platz nahm, war besonders ausgezeichnet, er war verzirt und höher gestellt, als die übrigen [111]).

A tant en sunt montez sus au mestre donjon Où l'en ot apresté à mengier à faison. — P. de P. 467: Desour la metre salle, qu'est pointe ad orfrois Comant Camilius desconfist li Gallois, Furent les tables misses et aprestiés li dois.

109) B. a. gr. p. 270: Après la mi aoust, ne quier que vous en mente Par un jour si très bel qu'il ne pluet ne ne vente, Espousa rois Pepins Bertain la belle gente... Ou jardin orent fait drecier la maistre tente: Quant la messe fu dite, n'i firent longue atente, Au mengier sont assis, ça cent, ça vint, ça trente. — ib. p. 46: El jardin le roi ot mainte table drecia, Au mengier sist li rois et sa gente maisnie D'autre part sist Pepin a la bachelerie. — Loh. 1, 260, 15: Begons semont l'empereor Pepin Que o lui vengne manger en son jardin, Et il i vint avec le duc Garin. — Loh. II, 143, 9: Fromons commande qu'on les tables méist, Et l'on si fait, léans en un jardin; Onze vint tables i poïsaiez choisir. — ib. 148, 9· El vergier entre où li mangier fut mis: A une table est assis Fromondins Dejouste lui Guillaumes de Monclin. — D. de M. 5585: Au dehors de la tour, au senestre costé, En ung beaul grant praiel, qui la fu ordonné; De feullez et de fleurs estoit environné. Mangier vorent de jour, cur c'estoit en esté. Marez avoit entour, bien estoit fort fermé. Les tables misent là pour le doulx temps soué; Au souper sont assiz, car tout fu apresté. cf. Alisc. 3377.

110) Sax. I, 208, 4: Puis font les tables metre, quant de soper ert tans — G. de M. 526: Les taubles mettent, au mangier sunt assis. — H. de B. 8431: Les tables metent, al mangier sunt assis. — ib. 9621: Tantost a fait la grant table drechier. — A. l. B. 44, 6: A tant le laissent si font l'eue huchier Les tables metent seriant et despensier — A. 7161: Quant li mangier fu prest, ses velssiéz iseniaus Les serjans por les tables metre sor les estiaus. — Aub. 1560: Jules Cantrues a fait drecier Taules partout et cuire maint daintier. — H. C. 1804: Quant fu tamps de diner, les tables se mist on. — P. d'Or. 546: L'eve demandent paien et Sarrazin, Metent les tables, au mengier sunt assis. — Kls. R. 831: Franceis sunt al palais, tuz fut prez li disners, Les tables sunt dreciées, al mangier sunt alét.

111) F. de C. 46, 35: En l'auçor dois est la dame montée, En une table réonde bien ouvrée Là se sist Foulque, de lés lui s'esposée. — Alc. 2993 ff.: Li rois a fait sa grant table drechier, Tele ki est dorée à eschekier... Aimeris sist de joste sa moillier, Au maistre dois, en l'estace prumier. cf. 3485. - H. C. 1805: Le roïne s'assist au plus mestre coron Et Marie, se fille, qui clere ot le fachon. — P. la D. 974: A la plus maitre table s'est assis au disner. cf. 1152. — G. de V. 973: Del moustier

Es wurden die Tafeln mit Tischtüchern (napes) bedeckt [112]), die sofort nach beendetem Mahle wieder weggenommen wurden [113]), während die Tische öfters zum Spielen stehen blieben, oder ebenfalls bei Seite gesetzt wurden [114]).

Der Gabeln bediente man sich beim Essen noch nicht; dagegen wurden die Messer »coutel« zum Zerkleinern der Speisen gebraucht, und legte man deren in hinreichender Zahl auf den Tisch [115]). Si waren aus Stahl gearbeitet, gross und spitz [116]),

issent, el palais sunt monté. Au maistre dois est Gerars acouteis, li sirez de Viane. — R. de C. 84, 18: Li quens Raoul séoit au plus haut dois.

112) A. d'A. 2712: Quant li mangier sont près, si font meitre les napes. — R. de C. 76, 6: Les napes metent sergant et despensier. — Asp. 61, VI, 22: Les napes mistrent.

113) A. l. B. 68, 7: Quant ont mengié li demaine et li per, Li seriant uont por les napes oster. — G. de M. 508, 19: Après maingier font les napes sachier. — R. de M. 329, 10: Quant il orent mangié, les napes font oster. — Ch. de N. 815: Communement s'assient au soper: Et quant il furent richement convié, Li escuier vont les napes oster. — H. de B. 50: Et quant il orent assés but et mengier, Les napes font oster li escuier. — ib. 2798: Après mengier font les napes oster, — ib. 7810: Quant ont mengié, les napes font oster. — ib. 9053: Quant ont mengié et béu à plenté, Les napes ostent sergant et baceler. — G. de V. 3773: Kant maingié orent li chevalier vaillant Les napes traient escuier et seriant. — Ch. O. 45: Après mengier, quant il orent soupé, Les napes ostent serjant et escuier. — Gfr. 8102: Quant le souper failli, les napes sus osterent. — G. de N. 491: Quant il orent soupé, les napes font cachier. — P. la D. 975: Quant il orent mangié et béu à planté Les napes ont ostées serjant et bacheler. — ib. 1160: Quant li rois ot mangié les napes fist oster.

114) P. d'Or. 557: Quant ont mengié et béu à loisir, Cil eschanson vont les napes tolir. As eschès jeuent paien et Sarrazin. — A. l. B. 70, 32: Après mengier font les napes oster. Des tables lièvent li demaine et li per. — R. de M. 313, 38: Quant il orent mengié, et beü à plenté, Il levèrent des tables. — Horn 4129: Quant asez ont mangié les tables funt oster. — ib. 4581: Quant asez ont mangié ces tables font oster. — H. C. 1223: Quant vint aprez souper, lez tablez font oster. — Gar. de M. 8, c, 3: Quant on ot fait la table & leuer & lacier. — ib 34, d, 30: Quant il orent mangié la table ont ostée.

115) Asp. 61, VI, 28: Les napes mistrent, uins et dignités E sor les tables les cortels afilés. — ib. 73, VI, 22: Tante cortels açerin. — A. 254, 20: Puis a pris .1. coutel, si desfait le paon — P. l. D. 2306: Grans cotiaus d'acier.

116) Asp. 73, VI, 22: Cortels açerin. — P. la D. 2306: Grans cotiaus d'acier. — G. de M. 502, 22: Desor la tauble oi .1. coutel saisi. — ib. 509, 19:

oft sogar mit goldenem Griffe versehen [117]). Die Trinkgeschirre, deren man sich bei der Tafel bediente, waren sehr wertvoll, so die Becher »copes, coupes,« aus Gold oder 'Silber hergestellt [118]), nicht minder die Trinkschiffe »nes«, die neben den Bechern genannt werden, so wie das im Horn erwähnte Trinkhorn, das ausserdem mit Edelsteinen besetzt ist [119]). Ebenfalls aus Gold und Silber gearbeitet und mit kostbaren Steinen besetzt waren die Näpfe »hanap« [120]). Es gab jedoch auch hölzerne,

---

Fromons me volt d'un grant coutel murdrir. — G. 408: Tint .1. coutel qui plain pié ot de lonc. — Ch. O. 4247: Grans fu et lons et devant apointiés

117) Ch. O. 4247: (Ogier) Prist un cotel q'il vit sus le doblier. Dont uns valès li tranchoit le mengier; Li mances fu à fin or entailliés E l'alemele d'un poitevin acier. — G. 408: Tint .1. coutel qui plain pié ot de lonc; La manche an fu de l'uevre Salemon, Et li aciers poitevins jusqu'au som.

118) A. 7097: Le vin lor veïssies par noblece porter As grans coupes d'argent dont li our sont doré. — Horn 935: Il ad le ior porté une cupe d'or fin Unkes norent mellor Cesar ne Costentin A trifuire iert entallé de bon e melekin — ib. 2399: Ceste coupe pernez ki est d'or affricaunt De loeure Salemon fiz Dauid le pussant. — Alc. 2774: Et bois ton vin à ta cope dorée. cf. 1991. — A. l. B. 69, 14: Li bouteillier portent vin et piment En coupes d'or et en vessinus d'argent. — ib. 75, 15: Coupe d'argent, ou hanap rice et ber. — A. l. B. Romv. 229, 19: De coupes d'or, hanas d'argent massis. — R. de M. 421, 15: Servent devant le roi de la coupe dorée. — Aq. 1205: Prent une couppe de fin or esmeré. — G. de M. 501, 16: En sa main tint une coupe d'or fin. cf. 511, 5. — Sax. I, 248, 24: Et Baudoins servoit de la cope d'or mier. — R de C. 64, 12: Cil a saisie .1. coupe d'or fin. — F. 6127: Fierabras tint la coupe, devant le roi, d'or mier. — Asp. 73, VI, 18: E uit .c. copes, chi d'argent chi d'or fin.

119) J. de Bl 816: Jourdains li anfes i cort touz eslaissiez, Il en emplist uue grant nef d'or mier. Molt est pesant, assez i ot or mier. — Loh. II. 16, 16: Que la nef d'or li vout des poins tollir. — R. de M. 168, 33: Sor lor piés se drecerent .XL. bacheler Qui le vin lor porterent es hanas et es nés. — ib. 313, 1: Devant le duc Naimon me metés la grant nef. — ib. 313, 7: Chascuns des chevaliers ait, ou hanap ou nef — ib. 313, 10: Si emples les hanas, les coupes et les nés. — Horn 4103: Al mangier sunt asis seruent cil mareschal Desquieles dargent nun en autre metal Buteilliers ont hanaps e dor e dorkal Ki mut sunt bien oüerez de pierre e de asmal. — ib. 4152: En la buteillerie est Rigmel pus entrée; Un corn prist de bugle dunt la liste ert gemmée, Ki entur la buche ert bien demie pié lée, Si ert d'or affrican merueilles bien ouerée.

120) Aq. 1205: Prent une couppe de fin or esmeré. Entre l'ovruigne resplent un amidé, A cheres pierres fut lë henap oupvré. — H. de B. 4221: Prent le hanap qui fu d'or esmeré. — A. l. B. Romv. 229, 19:

Näpfe, und zwar Näpfe aus Maserholz »hanap de madre« [121]). Die Leitung der Arbeiten vor und während des Mahles lag dem Seneschal ob [122]), der als Zeichen seiner Würde einen Stab in der Hand trug; unter seiner Aufsicht wurde das Mahl bereitet.

d) Händewaschen.

Waren die Tafeln zurecht gemacht, so wurden Becken, mit Wasser gefüllt, herumgereicht, damit die Hände gewaschen werden konnten. Bevor dies nicht geschehen war, setzte man sich nicht zum Essen nieder [123]). Die Diener wurden durch

---

Hanas d'argent massis. — Horn 1009: El ueit les seruitors uenu sunt e alez Cum portent ces hanaps e ces ueissaus dorez. — P. la D. 1153: A l'enap qui fu d'or.

121) E. de St. G. 1449: En .1. anap de madre les souda la puchele. — A. 4013: Aiols devant le roi tenoit .1. madre Isnelement l'usist desor la lable — ib. 4041: Et un hanap de madre d'un sestier Li fist Aiols porter plain de vin viés. — G. de N. 1060: Le vin porte li rois dedans .1. maselin. — G. de M. 89, a, 18: Aportés moi le vin par deu si vus hastes Li senescax i cort tost li fu aportez En .1. grant maserin qui parfunt fu & lez & il en a beū .11. pos toz mesurez.

122) A. et A. 1076: Le seneschal ferez mes aporter. — A. 2111: Le maistre senescal a apelé; Se li fist le mengier bien conreer. — R. de C. 188, 26: Li senechaus a la table passée, En sa main destre une verge pelée. — G. de B. 2221: (Huidelon) Son seneschal apele: »Sinagon, çà venés: Une blanche toaile maintenant m'aportés, Et plain hanap de vin et un pain buleté. — A. d'A. 3819: Li rois Ganor commande son seneschal Lutis Que l'iave soit donnée.

123) H. de B. 4227: »Vous et vostre homme, alés vos mains laver; Je vous donrai à mengier à plenté. — ib. 9622: L'eve aporterent à grans bassins d'or mier, Li rois lava, mier, s'est asis au mengier. — B. a. gr. p. 1618: Lors s'assist au mengier si tost qu'il ot lavé. — Enf. O. 4606: Assis se sont quant il orent lavé. — Aub 841: Après lauer s'asirent au mengier. — Gfr. 4010: A tant demandent l'eve, s'asiéent lés à lés. Fl. 917: Il ont lavé lor mains, asis sunt au maingier. — ib. 1009: Et li ai donné l'eve, si l'asiet au disner. — F. 2214: Et la table fu mise, quant il eurent lavé Les pucielles les servent à joie et à bonté. — Ot. 2096: Li keu avoient le mengier aprestez, L'eve aporterent, si a li rois lavez — A. et A. 2285: L'eve li donnent et si l'ont fait laver. — D. de M. 11328: Le mengier fu tost prest, l'eve lor ont donnée. cf. 9200. — J. de Bl. 4133: Li mengier furent richement apresté, Assiz se sont, quant il orent lavé. — Alc. 3483: Et li mangiers fu molt bien conraés. Assiz se sont quant cascuns ot lavé. — Aq. 2368: Et le mengier fu moult riche apresté. Assis se sont, quant chascun ot lavé. — Gar. de M. 21, d, 22: De liave li aporte li chevaliers laua Au mangier sest assis que nus dals napela. —

ein Hornsignal oder durch lautes Zurufen aufgefordert, das Wasser herbeizubringen, und war dies zugleich das Zeichen zum Beginn des Mahles [124]). Wie man sich vor dem Essen wusch, so geschah es auch nachher [125]). War die Zahl der

ib. 34, d, 27: Li soupers fu tos prés laigue lor fu donnée. — ib. 41, c, 13: Lors se desarment tuit & on lor aporta Laigue por mains lauer .G. tantost laua. Au mangier sont assis dont mais ne leuera. — ib. 50, a, 26: Lors alerent lauer ioste le dois plenier A vne haute table sasisent au mangier Si soperent a ioie. — ib. 106, d, 17: Au mangier sont assis quant il orent laué. — E. de St. G. 1956: Il demanderent l'aigue, al mangier vont seär. - P. la D. 1419: Li cuens monte au la sale, l'aive fait aporter . . . A la plus maistre table s'asistrent au disner. — ib. 1997: Il demanderent l' aive, s'asistrent au mengier. — ib. 2805: Il demanderent l'aive, s'asistrent au soper.

124) Ch. de N. 811: As tropeors a fait l'eve corner. Communément s'assient au soper. — F. de C. 125, 23: Le vespre aproche: au soleil esconser Mil Esclavon se courent aprester; A .xv. greslès ont fet l'eaue corner Ce iert l'enseigne paiens voisent laver. — Alc. 4261: En Gloriette fist on l'aige corner: Cil chevalier vont ensamble laver Lors s'arengerent li demain et li per. — ib. 7838: Molt tost font l'aigue as busines corner Cil cevalier s'asirent au disner. — Bat. d'Alc. 3245: L'eve cornerent à un cor menuier. Quant ont lavé cil baron chevalier, Aval la sale s'asient au mengier. — R. de M. 225, 9: Puis demanderent l'eve li chevalier baron El palais sunt assis à manger environ. — ib. 310, 2: Quant vienent au chastel si font l'eve crier Et manjuent ensamble par mult grant amitié. — ib. 422, 33: Kalles li empereres n'i a fait demorée, Au mengier est assis quant fu l'eve cornée. — Enf. O. 1370: On corna l'aigue, si alerent laver. — G. de N. 1820: Guion demande l'eve, s'assiéent au disner. — A. d'A. 2712: Quant li mangier sont près, si font meitre les napes Et font l'eve crier amont en la grant sale. — F. 6117: Karles a demandé de l'aigue pour digner. — A. le B. 44, 5: Atant le laissent si font l'eue huchier. — ib. 68, 3 ff.; Sus el palès a l'en l'eve cornée; Et li serjant l'ont molt tost aportée. Puis sont assis sans nule demorée — Sax. 168, 13: Li rois demande l'aive, s'est assis au mengier. — A. 1146: Puis demanderent l'aigue, si vont mangier. — G. de M. 461, 18: L'iaue demandent, au maingier sont assis. — Loh. I, 3683: L'aigue demandent au mangier sunt assis. — Loh. II, 178, 15: L'iave demandent, assis sunt au mengier. — M. de G. 21, 8: L'eve demandent, au mangier sont assis. — Asp. 72, VI, 44: L'eue demande li rois, e uait à mançer. — P. la D. 1150: Li rois demande l'aive ou palais principer, Quant il orent lavé, s'asistrent au disner. — ib. 1997: Il demanderent l'aive, s'asistrent au mengier. — ib. 2808: Il demanderent l'aive, s'asistrent au soper. - Gfr. 1690: Adonc demande l'eve rois Glorians le fier, Et le roi Machabré, sunt assis au mengier. — ib. 4010: A tant demandent l'eve, s'asiéent lés à lés, A lesir ont soupé. — P. d'Or. 545: L'eve demandent paien et Sarrazin.

125) A. l. B. 68, 8; Li seriant uont por les napes oster. Puis aporterent de l'iauue as mains laver. — Sax. I, 252, 10: Li rois demande l'aive, si lieve dou mengier. — R. de M. 314, 1; Quant il orent mengié et beü à plenté, Il leverent des tables, si ont lor mains lavé. — ib. 879, 3:

Tischgenossen eine grössere, so wurden mehrere Waschschüsseln herbeigebracht [126]) (cf. 130). Zugleich wurde ein Handtuch »touaille« zum Abtrocknen herumgereicht [127]), das vielleicht meist zugleich die Stelle unserer Serviette vertrat [128]), denn auch der Servietten »doblier« bediente man sich bei Tische [129]).

Die Becken »bacins, vasiaus«, in denen das Wasser herumgereicht wurde, waren von Gold oder Silber [130]). Auch beim Händewaschen wurde ein gewisser Standesunterschied beobachtet, indem sich zunächst der Höhergestellte wusch, dann stufenweis die übrigen Teilnehmer am Mahle folgten [131]).

Après manger aportent l'egue tuit cil garçon Li chevalier laverent, mais prime li baron. — Gar. de M. 10, a, 18; Quant il orent mangié & il orent laué. — Horn 4129: Quant asez ont mangié les tables funt oster E si ont cil laué qui se uoelent lauer.

126) A. l. B. 74, 30: Après cel mot ont l'eve demandée, Et li serjant l'ont moult tost aportée La veïssiez mainte coupe dorée, Mainte escuelle d'or et d'argent ouvrée. — A. 7163: Et a l'aigue doner as diores vasiaus — Gfr. 74: Dont ont donnée l'eve escuiers et garchon Au mangier sunt assis sans plus d'arresteison. — ib. 4758: Li serjant donnent l'eve, s'asistrent au mengier. — H. de B. 4211: As grans bacins orent lor mains lavé As hautes tables sont asis au souper. — ib. 9037: Isnelement l'aigue lor ont livré A grans bacins d'argent molt bien dorés. — ib. 9622: L'eve aporterent à grans bassins d'or mier. cf. 3604.

127) A. 7163: Et a l'aigue doner as diorés vasiaus A le blanche toualle essua Mirabiaus. — J. de Bl. 1510: Au lavoir vait Jourdains ses mains i lave Oriabel li tendit la touwaille. — Alc. 4265: En Gloriette fist on l'aige corner; Li cevalier vont ensamble luver. Dame Guibors ne se vaut oublier. Aimeri va le touaile porter. Et a ses fiex por leurs mains essuer.

128) G. de B. 2222: »Une blanche toaille maintenant m'aportés, Et plain hanap de vin et un pain buleté.« — R. de M. 253, 5: Une blanche toaille et .i. coutel selonc. Puis li vont doner l'eve .un. fil de contor.

129) Ch. O. 4247; Prist un cotel quil vit sus le doblier. — A. l. B. 75, 12: Là veissiéz maint noble damoisel, Qui tint touaille, ou doublier, ou coutel.

130) A. l. B. 74, 30: Après cel mot ont l'eve demandée. Et li serjant l'ont molt tost aportée. La veissiez mainte coupe dorée, Mainte escuëlle d'or et d'argent ouvrée. — H. de B. 3604: A grans bacins qui estoient doré Lor aporterent li serjant à laver. — ib. 9037: Isnelement l'aigue lor ont livré A grans bacins d'argent moult bien dorés. — ib. 9622: L'eve aporterent à grans bassins d'ormier. — A. 7163: Et a l'aigue doner as doirés vasiaus.

131) A. d'A. 3821: Premier lava dame Aye et Ganor l'Arabie, Et

c) Tischordnung.

Auch bei Tische hatte man wohl eine bestimmte Ordnung innegehalten. Da der König mit seinen Baronen, seinen Rittern, seinem Gefolge zusammenspeiste, so waren mehrere Tafeln aufgeschlagen. An der Haupttafel sass der Gastgeber mit den Seinen, um ihn herum an den andern Tafeln nahmen die übrigen Teilnehmer am Mahle Platz [132]), die Damen zwischen den Herren [133]). An der Seite des Herrn selbst zu sitzen war

après ont lavé li prince et li marchis. — Gfr. 9090: Si lor aporta l'eve vistement et isnel. Premier lava Doon et Garins par revel, Et Berart l'eve a priz, la puchele delés, Et tuit nostre baron, et après Lionchel. — R. de M 378, 41: Après manger aportent l'egue tuit cil Garçon; Li chevalier lavèrent, nuis prime li baron. cf. H. de B. 9623 u. 9638.

132) F. de C. 125, 81: Au maistre dois sist Tiébaut d'Escler. Entour lui furent si demaine et si per, Trente amiraux et .xiii. aumacer. — P. la D. 1419: Li cuens monte en la sale, l'aive fait aporter Avec li es Parise, sa norice h vis cler. A la plus maistre table s'asistrent au disner. — H. de B. 9622: Li rois lava, s'est asis au mengier; Lés lui s'asist Nales o le vis fier As autres tables sisent li chevalier. — Kls. R. 399: Charlemagne s'asist e sis ruistes barnez, Li reis Hugue li Forz e sa mollier delez, La fille od le crin bloi qu'at le vis bel e cler. — Alc. 4265: En Gloriette fist on l'eve corner; Cil chevalier vont ensamble lauer Lors s'arengerent li demain et li per. — G. de V. 975: Au maistre dois est Gerars acoutez Li sires de Viane. — P. de P. 472: Ao ciet de table fu le roi des modeins rois, Joste lu Maoceris que ne fu mie borçois E pues roi Dexirier e Isoriés le cortois; Après fu asis Gaines e Naimes e Tiois E le roi Salemon e le roi Gondelbois E le roi Guinimes e Uçier le Danois Pues furent tuit assis, princes, dus e marchois A une autre riçe table pres la fille des François S'asist le fil Milon ou siens palatinois. — Ot. 261: Nostre emperere est asis au souper Et entor lui si demaine et si per. — Ch. O. 4760: Sus el palais en est li bers montés; Le roi trova où séoit au disner: Tot entor lui et si conte et si per Et si demaine, si dru et si privé. — Sax. I, 129, 12: Au souper est assis nostre emperere maine, Entour lui si baron, si prince et si demaine. — ib. 185, 1: L'ampereres de Rome est assis au mengier, Entor li si baron, si duc et si princier.

133) Gfr. 8651: La puchele et Maprin s'asistrent tout avant, Puis s'asist Machabré et le roi Gloriant, Et toute lor mesnie maint et quemunalment. — Kls. R. 399 ff.: Toz fut prez li soupers Carlemaignes s'assist e sis ruistes barnez, Li reis Hugue li Forz e sa mollier delez, Sa fille od le crin bloi qu'at le vis bel e cler etc. — F. 3392: A la table s'asient, si ont les huis barés, Et les franques pucieles avoec aus lés à lés. — Alc. 3485: As maistres tables sist la flor des barnés. Là fist Guillaumes ke frans et honourés Ke dant Guimar et son fil a mandés, Et sa moillier au gent cors honorés; De joste lui les asist lés à lés. — G. de V. 916: Gerard s'asist et Olivier li ber, Et Dans Hernaus de Biaulande sor mer, Et Dans Lamberz et Aude o le vis cler. — A. l. B.

eine besondere Auszeichnung und wurde nur dem zu Teil, der in irgend einer Weise sich verdient gemacht hatte, den der Hausherr ehren wollte [134]).

Der Ritter entwaffnete sich, bevor er zu Tische ging [135]), überhaupt kam man mit besserem Gewande bekleidet zum Essen [136]).

61, 32: A icest mot est li mangiers criés. Li cuens s'asist et sa femme delés. Et chevalier, dont il i ot assés. -- Sax. II, 168, 13: Li rois demande l'aive, s'est assis au mengier. La roïne à sa dextre s'assiet.

134) Enf. O. 1370: Delez le roi sist Ogier au souper, Car moult se paine de lui bien honorer. cf. 4603. — R. de M. 327, 37: Renaus sist au mangier et Aallars li bers; Joste lui siet Rollans qu'il tient en grant cierté. — M. de G. 22, 10: Li rois de France Girbert par la main prist, Dejoste lui à la table l'assist. — Alc. 3033: Manda son oste Guimart et sa moillier; Dejoste lui les assist au mangier; Moult forment les honeure. — ib. 7840: Joste Guillaume siet Rainouars li ber. cf. 7861. — Sax. II, 168, 15: Lors manda maintenant Dyalas le guerrier, Dejouste lui l'assist ne le vot aloignier Que par tans le vot faire, si il puet, baptisier. — H. de B. 7893: Dist l'amirés: »Amis, sus vous levés, Dejouste moi à ma table serrés. Car bien m'avés servi et honoré.« etc. cfr. 6587. — A. l. B. 44, 7: Li cuens manda Auberi le guerrier Et Gaselin, son neveu, qu'il ot chier. Li cuens asist Auberi au mangier Par delés lui sel prent a araisnier. — Gfr. 1690: Adonc demande l'eve roi Glorians le fier, Et le roi Machabre, sunt assis au mengier: »Fille, dist Machabré, trop povés atargier; Delés moi vous seés, que trop vous par ai chier. — Ch.;O. 4060: Joste le roi siet li Danois Ogier. cf 7814. — H. C. 1804: Quant fu tamps de diner, lez tablez se mist on; Le roïne s'asist au plus mestre coron, Et Marie, se fille, qui clere ot le fachon. Et ly frans connestablez huqua le ber Huon; Dessus lez aultrez contez celle honneur ly fist on Fu assis à le table par reveracion; Moult furent bien servy à leur devision. cf. G. 3485. Sax. I. 129, 12. 185, 1. II, 148, 9.

135) D. de M. 5581: Desarmez se sont toz les felons que je dy; Le queux a apointé le mangier sans detry. — H. de B. 4224: »Et vous courés vistement desarmer, Par tel covent que ja dire m'orrés: Vous et vostre homme alés vos mains laver. Je vous donrai à mangier à plenté. cf. 8432. — B. de C. 2983: Après ce k'en Barbastre fu lor gens desarmée, Fu pour aler mengier li aigue tost cornée. — G. de M, 508, 16: Desarmei sunt et assis au maingier. — Loh. I, 3682: A l'ostel vint, s'a ses armes jus mis L'aigue demandent, au mangier sunt assis. — P. de P. 5118: Quand furent desarmiés dedens ceus de valour, Aou roi s'en alerent aou palés ancienour, Iluec superent tous aou non le Criatour. — Ch. O. 6947: Puis se désarment, des haubers c'ont vestis; En la grant tor s'en montent li marchis, Si vont mengier. — Gfr. 9086: Dont se desarment tous vistement et isnel. La puchele desarme Berart le damoisel. Fromer le marinier est couru au vessel. Si lor apporta l'eve vistement et isnel.

136) Gfr. 1691: Et le roi Machabré, sunt assis au mengier ... Sire

f) Speisen.

Gutes Essen und Trinken wurde besonders bei festlichen Mahlzeiten in reichlicher Menge aufgetragen, und wurden die Tische auch mit mannigfaltiger Nahrung besetzt. Die einzelnen Gänge (mes) kamen, soweit sich aus den wenigen Angaben ersehen lässt, nach einander auf den Tisch [137]). An den meisten Stellen, an denen uns Mahlzeiten beschrieben werden, sind die verabreichten Speisen nur aufgezählt, so dass sich nicht ersehen lässt, ob sie zugleich oder nacheinander aufgetragen wurden.

Wenden wir uns nun zur Betrachtung der Speisen selbst. Zunächst war es das Fleisch der Haustiere, was auf die Tafeln gebracht wurde, und zwar neben frischem Fleische auch eingesalzenes [138]). Besonders wurden Rinder und Schweine in Menge geschlachtet und ihr Fleissch eingesalzen; Ochsen- und Schweine-

---

dist Flordespine, trop vous povés coitier, Ains iroi en ma chambre autre robe cangier. — R. de M. 356, 20: Lor cors font acesmer Quant il fu priés de none, s'asistrent au souper. — B. de C. 18, 17: Li quens Raoul séot au plus huut dois Bien fu vestus d'un chier paile grégois. — Fl. 1006: Et grant mantel d'ermine pandi au col Richier, Et puis l'an a mené ou grant palais plenier, Et li ai doné l'eve, si l'asiet au diner.

137) P. la D. 2887: Ançois que il lor aient lo premier mès doné. — Gfr. 8654: Moult bien furent servi du tout à lor talent. Si com l'en ot servi du premier mes avant. — D. de M. 5611: Mais avant qu'on leur ait le second mez donnée. — Horn 2392: Il s'asseent al deis pur manger les deintez Pus ke li primer meis denant eus fud portez Si fu mut de Sudburc danz Gudmod esgardez. cf. 918. — R. de M. 168, 31: De .x. mes u de .xv. ont à lor volenté. — A. d'A. 3829: Assez orent vitaille viandes et delis; Cel jor furent servi de .vii. mes ou de .vi. — F. de C. 102, 24: De mets ne sai ge dire commencement ne fin. — G. de V. 819: Les riches mes ne vos quier a nommer: Ki vot maingier, avoir en pot asseiz. — Alc. 3029: Des riches mès ne covient pas plaidier; Tant en i ot que ne vos puis prisier. — ib. 7841: Le premier mes li fait on aporter Gfr. 73: Au mangier sunt assis sans plus d'arresteison, Des mès qu'il ont éu ne diroi o ne non. — ib. 8654: Moult bien furent servi du tout à lor talent Si com l'en ot servi du premier mes avant. — Aub. 1240: Li mangiers iert ia tous aparilliés; Des rices mes, de vins noniax et viés. — H. de B. 48: Des rices mes n'en estuet ja plaidier — ib. 3632: Molt orent mes et viés vin et cluré — ib. 9051: Et li baron orent mes à plenté. — P. d'Or. 552: A mengier orent assez et pain et vin, Grues et gentes et bons poons rostiz, Des autres mès ne sai que vos devis: Tant en i ot com lor vint à plesir.

138) D. de M. 3598: En la cuisine vint si trova largement Char fresche et salée atournée moult gent. — Gfr. 9328: Moult furent bien servi de vin et de piment, Char fresche et char salée et oisiax ensement. cf. 6939.

fleisch[139]) und Schinken (bacon)[140]) werden wenigstens erwähnt. Pferdefleisch wurde nicht gegessen, ausser in der grössten Not, wenn alles andere verzehrt war [141]). Dagegen ass man Hammel, Schafe und junge Lämmer [142]). Hühner (gelines) und Capaune (capons) wurden mit scharfer Gewürzsauce zubereitet aufgetragen und gespeist[143]). Besonders aber waren Pfauen (paons), Schwäne (cisnes) und Gänse (gantes, awes s. Anm. 143) gute Leckerbissen und durften auf der Tafel beim Festmahle nicht fehlen. Sie wurden an einem Spiesse geröstet und in Pfeffersauce serviert [144]).

---

139) A. et A. 3256: Pain ot et vin et piument et claré. Et char de buef, venoison et sainglier. — Gar. de M. 113, d, 17: Entre vakes & buef car & vin & forment. — Aq. 1381: Et si aportent .x. .m. beufs tué. — Ch. O. 9642 ff.: Le porcel… fait quire tot droit en deux moitiés Et le bacon fait en quatre trekier Si l'en donoit tot le millor quartier *vgl.* ib. 9783, A. 4040.

140) Loh. I, 205, 14: Et maint bacon. — Loh. II, 56, 1: Il li monstra ses greniers et ses vins Et ses lardiers où li bacon sunt mis. — D. de M. 11094: Que du blé et du vin furent plain li chelier, Et du bacon salé tuit rasé li lardies.

141) R. de M. 350, 31: Mult furent à malaise ioil ki laienz sont. Lor cevax font tuer, autre vitaille n'ont. Et tant com il durèrent, mult liement le font Mes tost furent mangié tuit li ceval gascon. Baiart, *das Pferd des Renaut, wird geschont; es wird ihm, um Nahrung zu haben, nur das Blut abgezapft:* — ib. 360, 21 ff.: Au bacin vint errant, si l'a Renaut baillé. Renaus vint a Baiart, an plorant l'a loié; Puis lo fiert d'un costel, si a dou sanc sachié Trestout plain lo bacin; puis fu aparillié. Et quant il fu bien cuit, s'en ont aseis mangié.

142) G. 6992: Asses aurez de moutons, de brebis. — Gfr. 2979: Bien menjast .1. mouton tout seul à un mengier. — Loh. II, 223, 3: Grues et jantes et aigniaus de brebis.

143) F. 5388: Com s'avoie mengié gelines en pevrée. — B a. gr. p. 1360: Li une li aporte à mengier d'un poucin. — Gar. de M. Romv. 3·4, 5: Chapons orent en rost a sauce girofléee. — Gar. de M. 52, b, 27: & .1. capon en rost que le ot fait atorner. — ib. 52, c, 15: Pus feront crases iawes & capons escauder. — ib. 53, b, 9: Awes manguent & cras capons & boiuent uo claré.

144) G. de B. 2225: Et Huidelon li fait un poon aporter … Tot menja le paon et le pain buleté. cf. 2240. — P. d'Or. 553: Grues et gentes et bons poons rostiz. cf. 174. - R. de M. 168, 29: De paons et de cisnes, chascuns en ot planté. — ib. 304, 7: Oisiaus, grues et gantes orent à grant plenté. — ib. 313, 34: Au mengier sunt assis ensamble lés à lés… Et cisnes et paons et malars et lardés. — Loh. II, 223, 3: Grues et jantes et aigniaus de brebis. — Ch. O. 6061: Grues et gantes et oisiaus de viviers. — E. de St. G. 1057: Cil orent .1. mangier mervelleus upresté De .11. paons rostis et d'un cisne enpevré. — P. la D. 2291: Li uns porte .1. paon rosti en un astier. - Kls. R. 411: E ont grues e gantes e poons enpevres. cf. 831. — G. 9954: Et .1. paon rosti et empevré. — J. de Bl. 814: Grues et jantes et maslars et plouviers.

Auch der Schwanenhals wurde schmackhaft zubereitet[145]). Weiterhin waren es die Produkte der Jagd und Fischerei, welche die Nahrung der Ritter lieferten. So wurde Hirsch-, Bären- und Eberfleisch, ersteres wohl auch gespickt, fein zubereitet und gegessen[146]), Auch Hirschspeck wird als Nahrungsmittel gefunden[147]). Ferner wurden Hasen (lievres) und Kaninchen (conins) in grosser Anzahl erlegt und zubereitet[148]). Hierzu kamen noch von Wild eine Anzahl Vögel, die geröstet in Pfeffersauce gebracht wurden und als Delikatesse galten[149]). Schwäne und Gänse sind schon erwähnt, sie gehören, da sie auch vielfach wild lebten, zum Wildpret; ferner wurden als feinschmeckend angesehen: Kraniche (grues), Enten (malars), Rebhühner (perdris), Fasanen (faisans), Rohrdommeln (butors), Reiher (hairons), Regenpfeifer (plouviers), Drosseln (merles), Lerchen (aloes), Finken (pinchons), Wachteln (quailles) und Elstern (pies)[150]).

---

145) Alc. 4612: Le col d'un cinne a pris, ki estoit fars D'ues et de poivre et de pieches de cars Por la saveur se lece comme chas.

146) R. de C. 76, 9: .1. os de cerf commence a chapuisier. — Aq. 1382: Et venaison de cerf et de sanglé. — Kls. R. 834: Asez unt venaison de cerf e de sengler. cf. 410. — R de M 51, 9: Chars ont et venoisons et cers de graisse pris. — Floov. 1601: En sa chambre lor vai lou mengier aprester De venoison sauvaige et d'ours et de sanglez. — A. et A. 1071: Et le mengier ferez bien conraer La venison la char et le sainglez. — ib. 1140: Li mengiers fu richement conraez De venison de pors et de sainglers. — A. 2113: De car, de venison et de saingler. — ib. 8608: Et une gran t espaule d'un parcreü sangler. De car, de venison et de saingler. cf. 1757. — Ch. de N. 812: Communement s'assient au soper Assez i orent venoison de sengler. — Gfr. 4579: Assés ont pain et vin et char et veneson.

147) G. de B. 2053: Il cercherent la chambre et de lonc et de lé, .i aumoire troverent par deiouste .1. piler En l'aumoire troverent .m. pains buletés Et .1. lardé de cerf et plain pot de vin cler.

148) G. 10548: .xii. bons lievres et .xiiii. connins. — Gar. de M. 34, d, 28: Conius orent en rost bolis a la peurée & lardez de kieureus a la caude peurée.

149) A. 8609: Et menus oiselons roistis et enpevrés. — Alc. 3037: Molt vient as tables oisiaus et venison. — D. de M. 3600: Veneson et oisiax quanque au jour apent — Gfr. 6939: Et ont char et oisiaus et maint autre dainties. cf. 4579.

150) Ch. O. 6061: Grues et gantes et oisiaus de viviers. cf. 4021 ff. — Ch. de N. 814: Grues et jantes et paons enpeurés. cf. 174. — P. d'Or. 553: Grues et gentes et bons poons rostis. — Kls. R. 411. u. 836: E unt grues e gantes e pouns enpevrez. — J. de Bl. 814: Assez i ot venison et daintiers, Grues et jantes et maslars et plouviers. — R. de M. 313, 36:

Fische wurden frisch und gesalzen auf den Tisch gebracht und zwar ass man Fluss- und Meerfische: so Barsch (bars), Aal (anguilles) und Lamprete (lamproies) [151]. Als besondere Delicatesse galt der Lachs (saumons) er war daher auch teuer [152]. Auch dieFische wurden mitPfeffersauce bereitet [153]. Kabeljaurogen (rabes) wurde gern gespeist [154]. Zu all diesen vielen Fleischspeisen wurde nun Brot gegessen [155]) und zwar war das gewöhnliche Brot das Schwarzbrot, nicht von der Kleie gereinigt; es fand sich solches Schwarzbrot auch auf der Tafel des Vornehmen [156]. Feiner war das Weissbrot (pain buleté oder fouace), von oft sogar viermal gereinigtem Mehle gebacken [157].

Et cisnes et paons et malars et lardés. — ib. 304. 10: Oisiaus, grues et gantes orent à grant plenté. — G. de B. 42: Et mangiez les gastiaus, les poons, les ploviers. — A. et A. 1998: Assez i ot des poons et des grues. — A. 4037: Une grue et .II. gantes et .III. ploviers. — G. 10546: .XII. butors et .IIII. vins perdris .IIII. faisans et hairons .XXXVI. — Alc. 4617: Assez i trueve et grues et mallars. — Loh. II, 19. 16: Plain de ploviers qui chaut sunt et rosti. — ib. 222, 22: Et cil achete et malars et perdris. — Ch. O. 11190 ff.: Tes oisiaus ... plumera nostre queus ... S'en ferons quirre en rost et en espois ... Pinçons et melles, alöes et perdris — G. 3949: La quaille et la pie, Dont il repaist et lui et sa maisnie.

151) H. de B. 4230: Et de poison, de fres e de salé. — Sax. II, 43, 7: Poisson de vivier. — Aq. 1384: Poisons de mer aportent à plenté. — A. 2101: Quir nous bars et anguilles et chiers saumons. — Alc. 2630: Car je sai bien anguiles escorcier. — ib. 4618: Et venoisons, poisons, saumons et bars. — G. 10550: Et de lamproies ne sai ou .v. ou .vi.

152) G. 10549: Et .II. saumons qui valent .I. païs. — A. 2101: Chiers saumons.

153) Alc. 3561: Si leur donna l'abés ... Et de rousoles et de poissons peurés.

154) Sax. II, 43, 7: Qui plus mainjuent rabes que poissons de vivier.

155) G. de B. 2239: Et l'enfes Guis menja, que molt l'ot desiré. Tot menja le paon et le pain buleté. cf. 2225. — R. de M. 51, 6: Guichars porta le pain et li preus Richardins Chars ont et venoisons et cers de graisse pris. — ib 313, 34: Au mengier sunt asis ensamble, lés à lés Et ont à molt grant joie pain et vin et claré. Et cisnes et paons et malars et lardés. — A. 1148: Assés orent poison, pain et vin viés — M. de G. 207, 18: Quant mangié orent et pain et char et vin. — P. d'Or. 252: A mengier orent assez et pain et vin, Grues et gentes et bons paons rostis.

156) B. a. gr. p. 1114: Et l'ermite li a de son pain présenté Noirs est et plains de pailles, non l'ot pas beluté. — R. de M. 378, 16: Soupes fist de noir pain que à dolor avale. — Alc. 1995: Ne mangerai fouace buletée, Fors le gros pain où la paille ert trovée. — ib. 2510: Gros pain de segle fist li quens aporter. — J. de Bl. 1345: A mon ostel t'en menrai volentiers, Si te donrai dou pain d'orge un quartier Et dou poisson

Mit dem Weissbrote zusammen wurde auch Kuchen (gastiaus), fein gebacken aus weissem, gereinigtem Mehle [158]).

Ein anderes Gebäck aus gereinigtem Mehle und die Stelle des Brotes vertretend waren die Semmeln (simbles buletés) [159]). Auch Biscuit und Torte wird als zur Tafel gehörig erwähnt [160]), ebenso endlich auch Käse, darunter besonders Schafkäse [161]). Als vorzüglich für Reisen passend werden Pasteten, Regenpfeifer- und Taubenpasteten, genannt [162]).

Als Lieblingsspeise der Bretonen wird Milch und Kuchen (lait et flaons) angegeben. Eine grobe Speise waren Bohnen mit Speck und Fett [163]).

g) Getränke.

Die Speisen wurden, wie wir soeben gesehen haben, zum grössten Theil mit scharfer Gewürzsauce genossen, wodurch

anquenuit a mengier. — Alc. 2779: Li mangiers fu tous prest si com s'en vint; Assés orent pain d'orghe, aigue del rin.

157) Aq. 1381: Chantiax o payns de froment beluté.— G. de B. 2053: En l'aumaire troverent .IIII. pains buletés. — ib. 2240: Tot menja le paon et le pain buleté. — Alc. 2779: Mangiez fouace .IIII. fois buletée. — ib 1995: Ne mengerai fouace buletée. — ib. 3689: Il tient .I. pain de froment buleté.

158) Gfr. 6938: Pain buleté mengeient et gastiaus bien broiés — E. de St. G. 1059: De .II. paons rostis et d'un ciene enpevré. Et .II. gastiaus tous blans de froment buleté. — G. 9952: Si lor aportent blans gastiaus buletez. — G. de B. 45: Et mangiez les gastiaus, les poons, les ploviers.

159) A 8607: Tout premier li aportent .II. simbres buletés. Et une grant espaule d'un parcreü sangler Et menus oiselons roistis et enpevrés. — R. de M. 253. 3: Si li font aporter tot .I. rosti paon Et simles buletés et vin clair plaine bouz. — ib 254, 12: Mon simle buleté. — Ch. O. 6060: Bons semineaus et gasteaus et vins viés Grues et gantes et oisiaus de viviers.

160) H. de B. 6003: Biscuit i metent, pain et car et vin blanc. cf. 2812. — Alc. 3040: Ains manga torte.

161) Alc. 3604: Jo ai .II. pains ki sont de provendier Et de formage plus y a d'un quartier. — F. la D. 2305: Là véissez jeter fromajes — Loh. I, 205, 13: Truevent aus chans maint bon tonnel de vin Et maint bacon, froumages de berbis. cf. D. de M, 11090.

162) D. de M. 5741: Waudri mist entre .II. un grandisme pasté Sus une blauche nape, puis a vin apporté. — A. d. A. 2458: .I. pasté de ploviers fu envoiez Guy. — Gar. de M. 21, d, 20: Du coifre traist le nape sor l'erbe le ieta Pain & vin & poison & pastez que il a . . . —ib. 21, d, 28: Assez prist & vin & ce que il troua Pastez de columbiax dont a plente ia. — Ch. O. 4453: Li rois les paist de lait et de flaons C'est li mengiers qui mult plaist as Bretons. — D. de M. 9645: Do . . escria . .

der Appetit zum Trinken nur um so mehr gereizt wurde; und so war es denn natürlich, dass ein guter Trunk beim Essen nicht fehlen durfte. Wein wurde daher in Menge herbeigeschafft [164]), und man begnügte sich nicht nur mit einer Sorte, sondern brachte verschiedene Weine auf den Tisch [165]), so dass man oft des Guten zu viel that [166]). Nicht immer wurde übrigens der Wein, besonders von den Damen, rein getrunken, sondern er wurde oft mit Wasser vermischt [167]). Von Weinsorten finden wir: Weisswein (vin blanc),

Aportés moi le vin, Que trop mengei salé au disner hui matin. Que mandit soit le quen de son dieu Appollin, Qui feves me donna au lart et au saIn.

164) H. de B. 8434: Sachiés de voir moult furent bien servi; A plenté orent et claré et viel vin. — Kls. R. 412 u. 836: A espandant lor portent le vin e le claret. — G. 9952: Si lor aportent blanc gastinus buletez, Et plain barril de vin et de claré, Et .1. poon rosti et empevré. - R. de M. 226, 11: Il orent à plenté pain et vin et pisons. — Fl. 1011: Asez ot venoison et claré et vin viez. — D. de M. 3859: Pain et vin et claré à grant plenté i a. — E. de St. G. 1057: Cil orent .1. mangier mervelleus apresté De .11. paons rostis et d'un cisne enpevré .... Et .11. boucieus tous plains de vin et de claré. — A. 1148: Assés orent poison, pain et vin viez. — ib. 2114: Vin orent et puiment à grant plenté.

165) A. et A. 3256: Pain ot et vin et piument et claré Et char de buef venoison et saingler, Qui mengier volt, de tout ce ot plenté. — P. d'Or. 172: »Aporte li à mengier à plenté, Et pain et vin et piment et claré, Grues et jantes et poons enpeurez.« — P la D. 1421: Et Hugues sert à tables de vin et de claré. — Sax. I, 208, 6: Venoison et lardez, et vins roges et blans. — D. de M. 3859: Pain et vin et claré à grant plenté i a. — R. de M. 313, 11: L'une fois de cler vin et l'autre de claré La tierce de bouglerastre, la quarte d'ysopé. — ib. 422, 37: »Que l'un serve du vin et l'autre du claré. cf. ferner hiersu die Anmerkung in 164 u. 168.

166) R. d. M. 356, 23: Tant ont de vin beü, n'en pot point au lever. G. de B. 2239: Et si but tot le vin qui estoit au boucler. — A. 2867: Très par matin fu ivres, si ot mangié Et le fort vin beü qui monte el cief. — ib. 8614: S'a beü .1. sestier de vin et de claré. — ib 8786: Et bevoit cascuns jor tant qu'il estoit tous ivres. — A. l. B. 49, 20: Assez en ot et but bon vin seur lIe. — D. de M. 9670: Lors li firent le vin maintenant aporter, Fort et fier, fres et fin, franc, ferme, fort et cler. Et Do verse u henap, si le voit sauteler .. A la bouche le met; si bel en sot ouvrer Que plain henap en but sans point de reposer. cf. Anm 163. — ib. 10530: Puis a beü du vin une seille et demie Et quant il ot béu, la chiere li rougie. etc. — M. G. 830: Assés bons vins ot à sa volenté Tant con il en pot boire. — Alc. 3682: Et Ruinouars a .1. cuvier trové Tant plein de vin novelement paré; Il prist .1. pot, si l'a dedens bouté, Mist à sa bouce, en son cors l'a coulé, A .1. seul trait en a but plain plomé Ki bien tenoit .1. sestier mesuré.

167) B, a. gr. p. 1564: Et l'autre li retrempe de fresche aigue son vin.

Rotwein (vins roges), Boguerastre, Piment, Claret und Ysopé [168]), von denen der letztere wohl als künstlicher, mit Zuthat vermischter anzusehen ist. Neben jungem Weine [169]) wurde alter in Fässern abgelagerter [170]) besonders geschätzt. Auch Wein von Portugal kannte man wohl, doch war er nicht so gut wie der von Burgund, und dieser wurde daher jenem vorgezogen [171]).

Abgeschlossen von allem menschlichen Verkehr lebte der Einsiedler in der Wildnis, im Gegensatz zu diesen opulenten Speisen und Getränken der Ritter, nur von Kräutern, Früchten

---

168) H. de B. 6003: Biscuit i metent, pain et car et vin blanc A. l. B. 68, 10: Li boutelliers aporte des vins cler. — Sax. I. 208, 6: Venoisons et lardez, et vins roges et blans — Aq. 1384: Et boguerastre, pyment et ysobé — R. de M. 253, 4: Et simles buletés et vin clair plaine bouz, — ib. 304, 12: Bouglerastre et piment et viés vin et claré. — ib. 313, 11: Si emplés les hanas... L'une fois de cler vin et l'autre de claré. La tierce de bougleraste, la quarte d'ysopé — ib. 329, 9: Maugis servi le nuit de vin et de claré. cf. 51, 10. 168, 28. — D. de M. 3601: Et trouva pain et vin et claré et piment. cf. 5753. — A. et A. 3256: Pain ot et vin et piument et claré. — Horn 1007: L'om i portout partut e piment e clarez. E les uins ensement de uiez entonelez. — ib. 2264: De piment de claré seruent cil buteiller. — Gfr. 9328: Mult furent bien servi de vin et de piment. — Kls. R. 412: A espandant lor portent le vin e le claret. cf 836. — G. 9952: Et plain barril de vin et de claré. — A. 2114: Vin orent et piument à grant plenté. — ib. 8610: Et vin assés encontre et pument et claré. — ib. 8614: S'u beü .1. sestier de vin et de claré. — Alc. 3661: Lors ont tel soif de vin ou de claré K'il en béust .1. sestier mesuré. cf. 3682. — D. de M. 3859: Pain et vin et claré à grant plenté i a. — ib. 5753: Et commenche à mengier et boit de chel claré. — Gar. de M. 103, a, 15: & but a son pooir du bon rice claré.

169) Aub. 1240: De rices mes, de vins nouiax et uiés. — Alc. 3682: Et Rainouars a .1. cuvier trové Tout plain de vin novelement paré.

170) A. l. B. 75, 17: — Va, si m'aporte du vin du grant tonnel A monseignor en donrai plain bouchel. — Loh. I, 205, 13: Truevent aus chans maint bon tonnel de vin. — R. S. 151: Et les bariax de vin, dont il furent joiant. — E. de St. G. 1060: Et .11. boucieus tous plains de vin et de claré. — Fl. 1011: Asez ot venoison et claré et vin viez. — A. 1148: Assez orent poison, pain et vin viés. — Ch. O. 6060: Bons seminaus et gasterius et vins viés — J. de Bl. 60: Et pain et char et claré et vin viés. — ib. 815: Après les hastes demandent les vins viés. cf 2046. — Gfr. 6940: Ne boivent fors piment et claré et vin viés. — H. de B. 49: Bien sont servi de vin viés, de vin viés. ib. 3638: Molt orent més et viés vin et claret. cf. 8434. — Horn 1007: L'om i portout partut e puimout e clarez E les uins ensement de uiez entonelez.

171) H. C. 5632: A mengier demanda pour Dieu l'esperital Et on ly aporta, san point de demoral. Et pain et char, et vin, non pas de Portugal, Mais bon vin de Bourgogne fin et especial.

und Wurzeln, wie er sie im Walde fand; nur selten mochte es ihm gelingen ein Wild zu fangen und zu bereiten [172]).

h) Bedienung bei Tische.

Es war schon oben darauf hingewiesen, dass dem Seneschal die Leitung der Geschäfte vor und während des Mahles oblag. Die Bedienung bei Tische während des Mahles verrichteten die Edelknaben, Söhne von Grafen und Baronen, die sich am Hofe aufhielten [173]); auch jungen Damen wurde die Aufwartung an der Tafel übertragen [174]). Sie waren mit prächtigen Gewändern

---

172) H. C. 5581: N'aporta point au roy de miche bulletée, Ne capons quis en rost, ne char à la pevrée, Ainchois ly aporta mainte pomme parée, Dez glans et dez rachinez de la forest ramée. Devant le roy Huon en mist grande marée, Et puis se ly a dit san point de l'arestée: »Vecy de çou que j'ay vescu plus d'une anée. — D de M. 1922 ff.: Quant il vouloit mengier, son fils li apportoit Chen que en la meson apporté i estoit; Et sailloient au pain, quant il lor deffailloit Quant venoient en lieu où viandes avoit, Herbez, pommez et fruit, tel comme il i creissoit, Li enfez le véoit et le pere cueilloit. Puis l'emmenoit ariere et le pere aportoit Le fruit et la rachine, chen qu'ataindre povoit — ib. 1951: Escouflez et oisiaus au seir tant aportoit. Comme il poveit mengier, quant rosti les avoit. — ib. 1969: As chers et as chevreus va par le bois traiant. — ib. 2503: Rassinettes et fruit, dont il y a plenté, Mangüe le bon conte, qui mult a enduré.

173) Sax. I, 248, 22: Par ces tables servoient garçon et escuier. — M. de G. 23, 11: La véissiez maint damoisel venir, Qui henas portent et d'argent et d'or fin. — R. de M. 168, 33: Sor lor piés se drecerent .xl. bacheler Qui le vin lor porterent es hanas et es nés. — A. 3111: Chele nuit fu Aiol bien herbergiés. Car il orent assés aparelliés; Si orent boins sergans et despensier Et queu et seneschal et bouteillier. — ib. 3974: Aiols li fieus Elie sert au disner. cf. 3979. — R. de C. 64, 10: .1. damoisel, nez fu de Saint-Quentin Fix fu Ybert .1. conte palasin; Cil a saisie .1. coupe d'or fin . . . — P. la D. 1421: A la plus maistre table s'asistrent au disner. Et Hugues sert à tables de vin et de claré Avec le seneschal; auques n'en fu blasmez. — ib. 2885: Moult fu granz li mangiers quant il fu apresté; Antre Uget et Antoine servirent au diner. — Horn 920: Deus taunt serui le ior fiz de mainte marchise. — ib. 4103: Al manger sunt asis seruent cil mareschal Desquieles dargent nen autre metal. — F. de C. 34, 22: Au mangier servent de nos François .v c. Anfant et juene n'ont gaires de jovent; Tuit camoissié, mes de cors furent gent. — A. l. B. 75, 12: Au mengier sistrent li baron el chastel: Là veïssiez maint noble damoisel, Qui tint touaille, ou doublier, ou coutel, Coupe d'argent, ou hanap rice et bel. Lambert apele .1. soen privé dansel: — Vu, si m'aporte du vin du grant tonnel.

174) F. 2214: Et la table fu mise, quant il eurent lavé. Les pucieles les servent à joie et a bonté.

bekleidet [175]). Der König, so wie die Königin wurden von je einem speciellen Diener für Speise und Getränke bedient[176]), und zwar musste derjenige, welcher für das Essen zu sorgen hatte, seinem Herren die Speisen zerlegen und mundrecht machen, während der, welcher für den Wein Sorge zu tragen hatte, ihm den Becher bereit hielt [177]). Die übrigen Teilnehmer am Mahle

175) A. 7096: Li vallet furent bien vestu et acesmé — A. d'A. 3826: A la table dame Aye servi Guyon ses fiz En la porpre de soie ourée à flor de lis. — R. de C. 64, 7: Li quens Raoul l'a demandé le vin. Lors i corurent tels xiiii. mechin, N'i a celui n'ait peliçon ermin. — Asp. 73, VI, 15: Uit por la sale tant damoisel meschin, Uesté de uair de gris e de hermin, Bliaus de soie e palli asturin. — Horn 920: Deus taunt serui le ior fiz de mainte marchise Mes unc n'i out un seul ki seruist en chemise Mes en pelice uar u hermine U grise u en bliaut de paile del meuz de paienise. — ib. 930: Horn servi icel ior en un bliaut purprin. — ib. 1009: El uat les seruitors uenu sunt e alez Cum portent ces hanaps e ces ueissaus dorez Cum il sunt bien uestu de bliaut bien taillez. cf. 4567.

176) M. de G. 22, 13: Devant le roi servi l'enfes Gerins, Hernaus tailla devant l'empereriz — Sax. I, 185, 4: Et devant lui (*Karl*) servoit Berarz de Mondidier, ib. 248, 22: Devant le roi servoit Berarz de Mondidier, Et Baudoïns servoit de la cope d'or mier. — R. de C. 64, 11: Fix fu Ybert .i. conte palasin; Cil a saisie .i. coupe d'or fin, Toute fu plaine de piument ou de vin: Lors s'agenoulle devant le palasin. cf. 23, 5. — R. de M. 51, 6: Del vin servi Renaus et Aalars li marchis, Guichars porta le pain et li preus Richardins. — ib. 421, 13: Mais les .ii. filz Renaut cui proesce est donnée, Servent devant le roi de la coupe dorée. — ib. 422, 35: Aymonet et Yvon a li rois apelé: »Alez, dist l'empereres, à vous soit commandé, Que l'un serve du vin et l'autre du claré.« — A. d'A. 3826: A la table dame Aye servi Guyon ses fiz En la porpre de soie ovrée à flor de lis Devant le roi Ganor tranchent si doi cosins. — G. de M. 511, 3: Nostre emperes est au maingier assis. Deuant lui sert Gibers li fis Garin, ... Et Hernaus sert deuant l'empereris.

177) A. d'A. 3828: Devant le roi Ganor tranchent si doi cosins. — M. de G. 22, 14: Hernaus tailla devant l'empereriz. — G. de M. 501, 16: Devant lui sert l'orguillos Fromondins, En sa main tint une coupe d'or fin Desi au sercle estoit plaine de vin. — ib. 511, 3: Devant lui sert Gibers li fis Garin, En sa main tint une coupe d'or fin. — Ch. O. 4247: Prist un cotel, q'il vit sus le doblier. Dont uns vallés li tranchoit le mengier. cf. 4261. — J. de Bl. 1512: L'enfes menjue, uns damoisiaus li taille. — A. et A. 2285: Girars li taille li dammoisiax membrez; Mengiez biax pere, molt voz ai démoré. — H. de B. 3626: L'enfes mengüe qui molt l'ot desiré. Et Auberons l'a molt fort regardé; Devant lui taille, par moult grant amisté, Pain et vitaille que il devoit disner. cf. 46. — F. de C. 47, 9: Gui sert del vin; Anfelise en agrée; Guischars li a voians tos présentée. — F. 6127: Fierabras tint la coupe devant le roi d'or mier — P. la D. 1151: A la plus maitre table sert Hugues de vin cler. — A. l. B.

wurden von verschiedenen Dienern bedient[178]). Zuweilen musste der Seneschal selbst das Zerlegen des Fleisches und das Darreichen des Weines übernehmen [179]). Das Herbeischaffen der Speisen und Weine war Sache der »boutelliers«[180]). Einen Gast aufs Beste zu bewirten, liess man sich besonders angelegen sein [181]).

67, 19: »Et ma dame la grant coupe douner.« — Asp. 73, VI, 11: Ao mançer sist Karles li filç Pepin. Li rois Brunor li serui li iorn del vin, De la scuelle Droces li Pitain; Li rois Salemon oit tenu li bacin.

178) Sax. I, 248, 22: Par ces tables servoient garçon et escuier, Devant le roi servoit Berars de Mondidier, et Baudoïns servoit de la cope d'or mier. — R. de M. 51, 6: Del vin servi Renaus et Aalars li marchis, Mult furent bien servi li chevalier de pris. — G. de M. 511, 3: Nostre empereres est au maingier assis, Deuant lui sert Gibers li fis Garin, En sa main tint une coupe d'or fin, Et Hernaus sert deuant l'enpereris, Et Gerins sert les chevaliers gentis. — J. de Bl. 1539: Escuiers fu a la cort longuement. Et au mengier servoit devant la jant. Dedans la cort n'ot nul meillor serjant. — A. l. B. 75, 12: Au mengier sistrent li baron el chastel: Là veïssiéz maint noble damoisel, Qui tint touaille, ou doublier, au coutel, Coupe d'argent, ou hanap rice et bel.

179) Fl. 1012: Li senechaus moïmes li ai devant treinchié. — A. 2233: Li senescaus les sert molt bien del vin. — P. la D. 1422: Et Hugues sert à tables de vin et de claré, Avec le seneschal; auques n'en fu blamez. — R. de C. 15, 17: Li séneschax s'en sont bien entremis: De bien servir fu chascuns bien apris. — P. 78, IV, 26: Li cauth fu grant, le uin a demandé; Mant seniscbals li orent aporté, A copes d'oro d'oura salamoné. — Kls. R. 415: Cume il ourent mangiet enz el palais reial, E unt traites les napes li maistre senescal.

180) A. d. B. 67, 22: Li boutelliers ne se uot arester, El palais monte sans plus de demourer, Que son seruice ne uout il oublïer — ib. 68, 10: Li boutilliers aporte der vin cler. — A. l. B. 69, 14: Li bouteillier portent vin et piument. En coupes d'or portent vin et piment. — Alc. 3029: As tables vient cil baron chevalier: .C. damoisel i furent boutillier. — H. de B. 9626: Aval les rues queurent li boutillier: Li uns veut pain, et li autres vin viés. — Horn 2264: De piment de claré seruent cil buteiller. — ib. 4105: Buteilliers ont hanaps e d'or e d'orkal Ki mut sunt bien ouerez de pierre de asmal Il portent les pimenz les uins clers cum cristal. — ib. 4575: Par tut metent bons uins cil noble buteiller Ki sunt e clers e forz kis ad fait enueisier.

181) R. de M. 312, 33 ff.: Je vos comant mult bien, gardés n'i obliés, Que il n'ait chevalier là desus au disner Des mesages Karlon qui ci sunt assemblé, Ki n'ait .1. grant paon devant lui empevré Et .n. et .n. .1. cisne richement conreé, Et grans gastiaus à broie et simmles buletés. Devant le duc Naimon me metés la grant nef Que jou conquis à Rome cele bone cité; El tient bien .1. sestier de bon vin mesuré ... Chascuns des chevaliers ait ou hanap ou nef De l'uevre Salemon; çaiens en a asés. Seignor, h chascun mes qu'as tables porterés Si emplés les hanas, les coupes et les nés L'une fois de cler vin et l'autre de claré, La tierce de bouglerarte, la quarte d'ysopé. — A. 7080: Dedens Roimorentin fu

Zu seiner Bedienung wurden sogar Barone erwählt [182]), und selbst der Kaiser, scheint es, verschmähte es nicht einem hohen Gaste bei Tische aufzuwarten und ihm, wie es in solchen Fällen Sitte sein mochte [183]), kniend den Bissen zu reichen [184]).

i) Festlichkeiten.

Dass Festlichkeiten besondern Anlass zur Entfaltung von Pracht und grossem Aufwand am Hofe gerade bei den Gelagen gaben, das lässt uns nicht Wunder nehmen. Es waren dies zunächst die kirchlichen Feste: Weihnachten »noel«, Ostern »paske« und Pfingsten »pantecoste«, an denen der Kaiser seinen Hof hielt, und zu dem alle ihm ergebenen Herren herbeikamen, die er dann zu bewirten hatte [185]).

Aiols ostelés, Entre lui et Gerelme de Mongraile le ber, Et tous ses .iiii. fiex, les novels adobés. Li hostes les fist bien servir et honorer ... cf. 774 4032 ff — H. C. 5628: A une ville vint, s'entra en ung hostel; A mengier demanda pour Dieu l'espirital. Et on ly aporta, san point de demoral, Et pain et char, et vin, non pas de Portingal. — Loh. II, 222, 19: La nuit hauberge (Begues) chiez Berengier le gris ... Li bers commande que très bien soit servis, Et cil achete et malars et perdris ... — Fl. 991 ff.: »Herbergiez moi, biaus sire por Deu le droiturier,« Belemant li a dit: »Versaul, aulez à pié. Por l'amour Damedeu sarois vos abergiez; Deci que à demain ne perdras un denier.« — Alc. 3029: Manda (Guillaumes) son oste Guimert et sa moillier; Dejoste lui les assist au mangier; Molt forment les honeure. cf. 2496 ff.

182) R. de M. 253, 2: *Maugis als Pilger am Hofe Karls*: On li a aporté un eschekier reont. Si li font aporter tot .1. rosti paon Et simles buletés et vin clair plaine bouz, Une blanche toaille et .1. coutel selonc; Puis li vont doner l'ewe .iiii. fil de contor. A lui servir a mis li rois .iiii. barons. »Paumiers« del mangier et nos vos tranceron.«

183) J. de Bl. 819: Par le palais vint la nef touz chargiez, Molt est pesant, assez i ot or mier, Devant Fromont s'en va agenoiller. — R. de C. 64, 12: Cil a saisie .1. coupe d'or fin, Toute fu plaine de piument ou de vin; Lors s'agenoille devant le palasin.

184) R. de M. 254, 19: A genoillons se met l'emperere Karlon. Puis a pris .1. coutel, si desfait le paon; Puis a pris .1. morsel, si fist beneïçon. »Paumiers, oevre la bouce et nos le te donron.«

185) Aub. 471 ff.: Droit au Noël, manda (Judas) par son païs Ses haus barons, dus contes et marcis; Car en tel tans uoloit estre seruis Con rois puissans et ueoir ses amis, Et il ert mult de ses hommes chieris. .iii. .m. et plus, de che soit cascuns fis, Vinrent a lui, nus ne li fist enuis. — ib. 772: Iuiers reuint, si aproche noés, Li Machabés ses hommes a mandés Pour court tenir, si en i uint asés. Droit celle nuit que noés est criés, Que li sabes fu leüs et cantés Et li seruices, dans Judas li membrés

Dann waren es Feste besonders verehrter Heiligen, die gefeiert wurden [186]). Am meisten aber wurde bei Taufen und Hochzeiten viel Fleiss auf pompöse Festlichkeiten verwendet,

O sa gent est el palais retournés. Li mangiers ert ia molt bien atournés Dont s'est assis, chascuns s'en est hastés. cf. 395. — Ch. O. 3152 ff.: En Mont-Loon fu li rois au vis fier A une Paske que li rois sa cort tient Callos i fu et li Danois Ogier, Bauduinés qui estoit esquier. — ib. 3482 ff.: A Paris fu li rois à une Paske, Callos li menres e li fix Pepin Kalles Li gentis rois qui tant fu amiables Cort tint plenière mirabillose e large ... N'i ot mais roi qui le tenist si large: Dix sept rois ot le jor à sa table Et trente vesques, si ot un patriarche; Ben furent mil des clers as beles capes... — Sax. I, 109, 7: .1 jor de Pantecoste, après la rovoison, Ot mengié l'ampercres dedans son paveillon; Rois et princes et dux i avoit à foison. cf. 40, 12 ff. — A. 3971 ff.: Che fu a Pentecouste el tans d'esté Que li rois tint sa court a grant barné: Asséz i ot demaines, princes et pers Aiols li fieus Elie sert au disner ... — H. de B. 29 ff.: Che fu à Pentecouste, le haut jor enforcié, C'à Paris tint sa cort Karles o le vis fier. Assés i ot Alemans et Pohiers, Et Braibençons, Flumens et Berruiers, Et Loherens, Bretons et Henuiers, Et Borguignos, Angevins et Baiviers; Grans fu la cors des barons chevaliers. Et des Englois i ot bien .m. milliers, Et si ot bien x^m arbalestiers; Li rois Tafurs i fu con chevaliers. De Canbresis et d'Artois, ce saciés, En i ot moult de bacelers legiers Qui volentiers feroient sour paiens. Li rois a fait se grant table drechier, Entre ses pers est asis au mengier; Et li dousimes fu Hues au vis fier, Cil de Bordele, dont je veul commenchier. As tables servent plus de .c. botilliers, Et autretant qui furent despensier. Des rices mes n'en estuet ja plaidier; Bien sont servi de claré, de vin viés. — R. de C. 57 ff.: A une Pentecouste i ot fait assembler Dames et chevaliers kanc'on en pot trouver. — Horn 437: A pentecuste iert faite iceste asemblée Pur la grant feste anuel ke bien fu celebrée Maint riche ber i uint de diuerse cuntrée E lur muilliers od aus dames de grant ponnée Ke la grant curt le rei en fust plus honorée etc. — ib. 2257: Pentecouste iert le ior dunt me oez parler La messe oï li reis al principal muster Dite l'ont hautement l'arcevesque markier Pus s'en uont al palais asis sunt al manger. Mut i sunt bien serui de seruise plainer. — R. de C. 23, 2 ff: A Pentecoste que on doit célébrer, Tint Loëys sa grant cort comme ber. Raoul apèle que il pot molt amer: — »Biax niés,« dist-il »je vos vuel commander Que d'el piument, me servez au disner.« — »Sire,« dist-il, »je nel vos doi véer; Je suis vostre hon; je nel puis refuser.« A Bernïer font le piument livrer. As gentix homes en fisent tant donner, Que par droiture n'es en doit on blamer.

186) Ch. O. 7814 ff.: Che fu la feste du baron saint Denis Que Kallemainne li bons rois de Paris Dedens son tref fu au mengier assis, Dejoste lui dus Namles li floris. Et maint halt home qui sont de riche pris. — Bat. d'A. 3803 ff.: Le jor i fu sainz Vincens celebrez, Et fu la feste, si lor dona l'abés Riche pitance de char et de pastés, Et de rousols et de poisons peurés etc. — Loh. II, 260, 7: Le jor fu feste d'un cors saint béneï. Del mostier ist li Lohérains Garins Avoc sa feme la cortoise Aélis; Quatre vins dames i ot de molt grant pris, Toutes vestües et de vair et de gris: Devant Garin, l'enfes Girbers, ses fils, Et après lui de damoisiaus

und Hochzeitsfestlichkeiten währten nicht selten acht sogar fünfzehn Tage[187]). Während dieser Zeit suchte man sich nun zu vergnügen; dazu wurden allerlei Spiele, Turniere und Waffenübungen, kurzum Belustigungen aller Art veranstaltet, die den Werth solcher Feste, die Freude und Vergnügungen in diesen Tagen erhöhen sollten.

ot vint. ¡Grans fu la joie qu'on fait devant Garin, As eschelettes font le marbre tentir, Les damoiseles chanter et esbaudir: Haute est la feste, chascuns la vuet oïr.

187) F. de C. 134, 15: Or ont les .III. puceles bauptesmie recéu. Et sont cristianiés en l'oneur de Jhésu Au tref le duc Guillaume en sont François venu. Mainent y les .III. dames, dont la grant joie i fu. Les noces furent riches; tel plet ont esméu. cf. 46, 28 ff. — Gar. de M. 117, c, 16: Au mostier sont alé quant la messe est sonée Illueques a .G. mabilete espousée . . . Quant furent beneoite & la messe cantée Les muetes furent grant en la sale panée — ib. 118, b, 27: Au matin l'a .G. deuant toz espousée Les noces furent grans ioie i ot demenée. — A. et A. 1969: El palais montent sans nulle demorée Grans noces firent li fil des franches meres, Com li cuens prinst la dame. — J. de Bl. 3544 ff.: Et au matin li a fait espouser. Gruns sont les noces, gel voz di sans fauser, La grant richesce ne voz sai deviser: Grant joie font li demaine et li per. cf. 18 ff. 2061 ff. — D de M. 11327: U palès sunt venu, quant la messe est finée; Le mengier fu tout prest, l'eve lor ont donnée; As noches sunt assis, grant joie ont demenée. — Gfr. 4756: Là espousa Doon Clarice o le vis cler, Et puis sunt reperiés sus à palez plenier; Li serjant donnent l'eve, s'asistrent au mengier. .VIII. jors durent les noches que font li chevalier. — F. 6023 ff.: Lés la tour d'Aigremore ot .I. palais listé Là sont nostre François à grant joie mené, Richement sunt servi et à moult grant planté. .VIII. jours trestous entiers ont les noces duré. Karles i a .I. mois et .I. jour sejourné, Tant qu'il ot le païs auques asséuré. — A. l. B. 153, 28: Quant ele fu dite, li Rois s'en repaira, El palès monte; la feste commença. Tant fu plenière que chascun s'en loa. .VIII. jors tous plains la grant feste dura. — P. d'Or. 197: Après la messe sont del mostier torné. En Gloriette font la dame monter. Granz sont les noces sus el palès pavé. Li cuens Bertrans les servoit au digner, Et Guileberz et Guielins li bers .VIII. jorz durerent à joie et à barné Assez i orent harpeor et jugler Et dras de soie et hermins engoilez, etc. — Horn 918: Nuls n'acuntast les mes qu'il orent par asise Entre les autres mes ke herland lur deuise. Deus taunt serui le ior fiz de meinte marchise etc. — ib. 4099: Quant la messe sont oïe al muster principal E li seruises faint e haut e principal Cum tut dreit d'espuser cele fille real. A la cort sunt uenu cil baron natural Al manger sunt asis seruent cil mareschal D'esquíeles d'argent nun en autre metal. etc. cf. 4137 ff. 4572. — Ot. 2086: Karles li rois a Oton apellez, Et il i vint bel s'i est presentez; Sa fille mande par Naimes le barbez, Cil li amaine, n'i a pas demorez. Karles lu donne à Oton le senez. Tot maintenant sont au mostier alez, Et l'arcevesques a la messe chanté. A la loi Dieu se sont entrespousé. Quant sont sacré, arriere sont torné. Ou haut palais sont ensemble montez. Li keu avoient le mengier aprestez, L'eve aportent, si a li rois lavez Grans sont les noces .XV. jors ont durez, Nules plus riches ne vit hom qui soit nez. — A. 8326: Molt sunt rices les noces .XV. jors ont durée.

V. Belustigungen und Vergnügungen.

a) Jongleure und Menestrels bei und nach dem Mahle.

Schon während der Tafel suchte man sich das Mahl durch Gespräch und gegenseitiges Scherzen zu würzen [188]) oder liess von Spielleuten Lieder vortragen [189]). An den Festen nun kamen diese Jongleure und Menestrels aus allen Teilen des Landes zusammen, um am Hofe sich mit ihren Instrumenten hören zu lassen, und durften sie dafür auf reichlichen Lohn rechnen [190]). War das Essen vorüber und die Tafel aufgehoben,

---

188) Aub. 1564: A souper sont assis sans detriier, Et si ont ris dusques a l'anuitier. — A. d. B. 44, 9: Li cuens (Bauduins) asist Auberi au mengier Par deles lui sel prent a aruisnier. — Asp. 73, VI, 10: Ao mançer sist Karles li filç Pepin, Li rois Brunor li serui li ior del vin... Ballant regarde e tint li ceu enclin ... E nuit cum çascun parola à sun uoisin. — Sax. 1, 248, 19: Par .1. juesdi matin sist Karles au mengier ... Antrax rient et gabent cil bacheler legier — A. 7164: Al mangier sont assis, grans i est li reviaus. cf. 1757. 8606. -- D. de M. 3729: Or sunt li dui enfant assis à chel mengier Et parolent d'amours, ne finent de baisier. — ib. 5590 ff.: Manger uorent de jour, car c'estoit en esté ... Lors se juent ensemble et ont riz et gabé. Maiz avant qu'on leur ait le second mez donné, Leur parlement sera en peu d'eure tourné. — F. 3843: De mengier et de boire se pueent aaisier, Si ont beles pucieles, si veulent donoier. — Horn 4572: Cil baron natural asis sunt al manger Li seruise fud grant si seruent riche per . . . Grant ioie meine Horn uers sa bele muiller Autretel fait Rigmel od le visage cler E li reis dan Hunlaf mut se poet leescler. Quant il taunt bien od fait sa fille marïer Quant asez ont mangé ces tables funt oster.

189) A. et A. 1996: Sus au palais montarent a droiture, Assez i ot des poons et des grues, Cil jougleor violent et taburnent, Onques tex joie ne fu ainz mais veüe. Com de la fille Karle. — Kls. R. 431: E cantent e vielent e rotent cil jugler E Franceis se deportent par grant nobilitet. cf. 837. vgl. *E. Freymond. Jongleurs u. Menestrels. Halle 83 S. 15.*

190) P. de P. 1882: Granz sont les noces sus el palès pavé .viii jorz durerent à joie et a barné, Assez i orent harpeor et jugler Et dras de soie et hermins engoulez Et muls d'Espaigne et destriers sejornez. — A. d'A. 4100: Ce jor méimenent dont vos m'oez parler A fet Ganor dame Aye à l'eglise mener; Se jor la prist Ganor à moillier et a per. Qui véist jouglaors du païs assembler! Tantost qu'il ont oy de ces noces parler, Tant en y est venus que nus ne puet esmer. Ainz de si riches noces n'oy nus hons parler. Qui à cel jor oïst vieler et tromper, Tabors et chalemiaux et estrumens sonner, De merveilleuse joie il péust remembrer. cf. Alisc. 8300. — H. C. 4144 ff.: Moult fu grande la joie ou palais à Paris Quant Huon espousa Marie au cler vis ... De le menestraudie y fu ly sons oïs; Aus menestrés dounoient et lez vairs et lez gris, Il n'y ot menestreul qui en voit escondis. — H. de B. 8738: Grans sont les

so ging ein jeder seiner Beschäftigung, seinem Vergnügen nach. Bald mussten die Spielleute durch Musik die Gesellschaft belustigen [191]), bald sang und scherzte die Tischgesellschaft selbst [192]). Blieb man noch an der abgedeckten Tafel sitzen, um sich zu unterhalten, so wurde oft noch Wein getrunken [193]);

noces, ja mar le mesquerrés: Cil menestrel i furent bien loué. — Sax. I, 11, 6: Cil jor orent jugler auques de lor talanz; Guiteclins les paia d'or fin et de besanz. — E. de St. G. 2750: Se les noches sont grans, ne l'esteut demander Maint riche vasal d'or i fu le jor donné, Menestrel s'en loerent, quant vint al dessevrer. — J. de Bl. 2510: Cil jougleor n'i ont mie failli, Qui palefrois, qui murlet arrabi. Li plus dolans touz joians en devint, Moult par fu grans la feste. — R. de M. 114, 23: Moult furent grans les noces en la sale pavée; Ains n'i ot jogleor n'eüst bone sodée U mantel vair et gris ou grant cape fourée.

191) P. de P. 1355: E quand orent mangié à grand desduit plenier, Ceus menestriers pristrent mantinant a sonier Tubes e caramaus apres à arpier; Ceus jentis bazalier pristrent à baordier Çà e là pour la ville tretout cil jour entier Le jour fist Karllemagne maint rices drais donier E maint buens palefrois, ond ne i fu menetrier Ne jugleor ausi n'eüst bon loer. — H. de B. 7810: Quant ont mangié les napes font oster. Li jouglere a sa vïele atempré, A trente cordes fait se harpe sonner; Li grans palais retentist de tous lés. Dient paien: »Vés chi boin menestrel; Il le convient moult ricement louer.« — ib. 8436: Quant ont mengié du tout à lor devis, Le menestrel apela Huelins: »Pren te vïele, por Diu, biaus dos amis; Après tous deus se convient resjoïr: Resbaudis nos, por amor je t'en pri, Car por toi sommes malement estormi.« Li menestreus ne se vot arester; Erraument a sa vïele atempré. Atrente cordes fait se harpe soner, Et li palais en tentist de tous lés. — Gar. de M. 8, c, 3: Quant on ot fait la table & leuer & lacier &.ie pris ma vïele por faire mon mestier. — B. a. gr. p. 3321: Menestrel i font joie car chascuns la convoite; Qui plus i fait de joie, vis li est miex esploite. — F. de C. 134, 21: Lors chantent jugléor à force et à vertu.

192) D. de M. 10409: Et li baron se sunt moult richement disné; Après mengier ont tuit canté et carolé. — ib. 11096: Le souper lor atourne tantost le cuisinier, Et li baron saillirent; as mains se vont lachier, Et commenchent tantost caroler et danser. — J. de Bl. 1542: Aprèz mengier se vait esbannoiant Avec les autres et faisoit joie grant. — Aub. 1556; Dont uelssiez feste recommencier. Dansant, cantant duc et conte et princier Pour l'emperour Cezaire festiier. — Gfr. 40701: Par devant Vantamise, chele chité mirable Fu mult grant le barnage de Gaufrey le mirable; Moult par i dist on lais, chansons, notes et fablez.

193) R. de M. 168, 32: Quant il orent mangié, font·le vin aporter. Sor les piés se drecerent .xl. bacheler. Qui le vin lor porterent es hanas et es nes. Li rois Yus de Gascoigne s'en est en piés levés, U que il vit Renaut si l'en a areané etc. cf. 314, 1. ff. — A. l. B. 68, 5: Quant ont mangié li demaine et li per Li seriant uont por les napes oster. Puis aporterent de l'iauue as mains lauer. Li boutilliers aporte del vin cler, A la contesse le ua premiers douner, Moult pres de li se ua cil acoster. Quant ot beü la contesse au vis fier, Après li burent li gentil chevalier. — Horn 2263:

man spielte auch zur Unterhaltung nach Tische Schach [194]). Oft pflegte man sich im Freien, im Garten oder in der Stadt oder ausserhalb derselben zu zerstreuen, auszugehen oder auszureiten, und trug kein Bedenken unmittelbar nach dem Essen ein Bad zu nehmen [195]). Im Folgenden werde ich auf die Spiele und Belustigungen, durch die man sich die Zeit vertrieb, näher eingehen.

Quant asez ont mangé les tables funt oster, De piment de claré seruent cil buteiller, A ces qui beiuere uoelent asez funt aporter. — D. de R. 1498: Quant il avoit soupé, se commence a vanter, Et dist que li vieillard qu'il avoit amenés En ont meus combatu des jofenes d'asés. ff. cf. F. de C. 34, 22:

194) P. d'Or. 556: Quant ont mangié et béu à loisir, Cjl eschançon vont les napes tolir. As eschès jeuent paien et Sarrazin. — D. de M. 8138: Après disner se jouent as eschès et as dés. — R. de M. 51, 13 ff.: Et quant orent mengié li chevalier proisié, Des tables sunt levé, quant il orent mengié. Et vont parmi la sale, si se sunt envoisié. Assez i ot deduis ù sunt esbanié; Mais après la grant joie furent trestot irié; As eschès vont jouer ù se sunt delité. cf. 46, 12 ff.

195) Sax. I, 185, 5: Après maingier vot Karles aler esbanoier. — G. de M. 461, 18: Apres maingier au behordeir s'ont mis, Behordei ont, mais se fut moult petit. — ib. 526, 5: Apres maingier entrent en .1. jardin. — G. de N. 491: Quant il orent soupé, les napez font sachier. La mesnie Guion se va esbanoier La dehors à chez prés chascuns sor son destrier. Es prés desous Paris furent bien .III. millier. — Alc. 4484: Après disner pensent de l'esploitier. An Alischans s'en vaurra repairier. — J. de Bl. 1542: Aprez mengier se vait esbannoiant Avec les autres et faisoit joie grant. — Loh. I, 203, 9: Quant mangié ont et béu à loisir, Les napes ostent et en prés sunt salli. — Loh. II, 97, 15: Après mangier entra un jardin, Aveuc lui fu la belle Biatris. — H. de B. 8465: Quant ont mengié et béu à plenté Les napes ostent, du mengier sont levé, Et puis s'en vont sour la rive de mer. Esbanoier por lor cors deporter. — Horn 2263: Quant asez ont mangé les tables funt oster De piment de claré seruent cil buteiller. Quant asez ont beü, uunt sei esbaneier. — ib. 2566: Quant asez ont beü uunt sei esbaneier. cf. 1243. — F. 6129: Quant il eurent digné, les napes font sacier; Cascun sor son ceval s'ala esbanoier. — M. de G. 22, 15: Quant ont mangié, as chevax se sont mis, Por béorder sont issu de Paris. Et la réine au jent corz seignori S'en est issu o damoiselles diz. — A. l. B. 70, 32: Après mengier font les napes oster Des tables lievent li demaine et li per, A la fenestre vint Auberi ester, O lui Lambert, qui [tant] sot mal penser.— E. de St. G. 1462: Tout fu sains et garis, a mengier demanda Li gentieus hon en ot plus que il ne rova. Li bains fu aprestés u Elies entra: .1. tel baing li donna quens ne dus tel n'en a. — F. 2218: Aprez menger leur furent li caut baing conréé Et li baron i entrent, ne l'ont pas refusé. Après en sont issi quant lor chief ont lavé.

b) Schachspiel.

Das Schachspiel war das beliebteste von allen Spielen und wurde zur Zerstreuung, sehr gern gespielt; selbst Könige und Fürsten erfreuten sich daran [196]). Wir finden nicht nur Herren dieses Spieles kundig, sondern auch Damen und Kinder; sogar Kinder von sechs Jahren mussten das Spiel schon erlernen [197]).

---

[196] G. 359: Touz ses barons par devant lui manda, Et dist à euls qu'au tref roial ira O son seignor la s'esbanoiera, Et as eschas devant lui joera. — A. d'A. 90: Senses et Amaugins et Renars et Gontiers En sont venus corant jusqu'au duc Berengier Où jouoit as eschès à Bernart de Rivier. — Loh. II, 75, 12: Li pautonniers à Bordelle s'en vint, Trouva Thiebaut et son frère Estormi As eschès joue à Berengier d'Autri. — ib. 127, 7: Eschès demande (l'empereres Pepin) si est au jeu assis. — Ch. O. 2495: Et Ogier iert à la cambre enfermés As escès jue por son cors deporter. — ib. 9699: Puis le remaine en son palais plenier: Eschiès li livre por soi esbanoier; Li arcevesque juoit as chevaliers, Si l'ensignoit li bons Danois Ogiers, Car mult savoit d'escès et des tabliers: C'est une cose dont Turpins l'avoit chier. — R. de M. 1, 21: Li baron se deduirent el palais principel Et jeuent às eschas li vasal aduré; Grant joie et grant deduit ont el palais mené. cf. 28, 25. — Gar. de M. Romv. 346, 31: »Biax sire, a nus osteis nos avons deporté Si arons as eschais et as taubles iueit.« — R. de C. 27, 20: As eschés joue Raoul de Cambrizis Si com li hom qui mal n'i entendi. — F. de C. 145, 11: El palais sos la mer, ès estages planiers, Se loja le bon roy avec ses conseilliers: De plain jour demanderent tables et eschiquiers. cf. 43, 9. — Enf. O. 3470: Karabuel truevent qui moult fist a prisier; As eschès jue encontre .i. chevalier Qui avoit non Oedes de Mondidier — Kls. R. 334: Set milie chevaliers i troverent seanz A peliçuns ermines, blialz escarimanz; As eschès e as tables se vunt esbaneiant. — Sax. II, 91, 5: A lui (Guiteclins) joe as eschas Escorfans de Lutise Sebile les regard qui do jeu est aprise. — Fl. 1461: Richiers est en la chanbre la file l'amiran, Où il joue es eschas à un roi d'Ocidam.

[197] Fl. 1486: Atant le lait la dame, et vai joër por soi, As eschas vai joër à Pinar, un fort roi. — R. de M. 373, 21: Il i avoit eschas où il est deportés; La dame fu o lui (Rich.), qui l'a reconforté, As eschès jue o lui sovent l'avoit maté. — C. V. 963: Ces dames trueve qui erent as fenestres, Et en ces rues quarolent ces pucelles ... Et mil qui juent as eschès et as tables. — P. d'Or. 1495: Et dame Orable et Guielins li bers En Gloriete où furent a celé As eschès jeuent, tuit sont asséuré. — H. de B. 5343: Mil en trova qui juent as escas Et autres .M. qui del ju furent mas. cf. 7408. — Gfr. 10568: Et fet Ogier nourir de bonne volentés, Où il aprist assés des eschès et des dés. — P. la D. 1215: A l'eschaquer s'asist que ne s'i sot garder Li fil as .iiii. contes qui là mont sont remez. — A. 7124: Mes fiex demande tables et eskiés pour juer. — A. d'A. 2587: Ganor li Arabiz fet bien norrir l'enfant ... Li rois l'a fet aprendre de tot son errement, Et d'eschès et de tables, de ce set il forment. — P. la D. 964: Quant l'anfes ot .xv. anz et compliz et

Man spielte es auch im Freien, unter dem Schatten der Bäume; dann wurde ein Tuch ausgebreitet, auf das man sich niedersetzte [198]). Die Schachbretter (eschequier) waren aus Gold oder Silber gefertigt oder mit Gold und Silber ausgelegt [199]). Noch feinere Schachbretter waren mit Edelsteinen besetzt und geschmückt [200]). Solchen wertvollen Schachbrettern entsprechend waren auch die Schachfiguren wertvoll, aus Elfenbein, sogar aus Gold gefertigt, oder sie waren vergoldet [201]). Sie müssen wohl gross und schwer gewesen sein, da man sich, wurde man beim Spiel angegriffen, damit verteidigte und sogar seinen Gegner mit solch einer Figur erschlagen konnte [202]). Als Bezeichnung der Figuren,

---

passez, ... Puis aprist il as tables et à eschas à joier. — G. de N. 118: Et quant il en ont .vı. (ans) bien galopent destrier; Et d'éschez et des tables lez font bien enseignier.

198) G. de B. 3574: Et truevent Emaudras desous un olivier, Où il jue as eschès à Murgale le fier, Et avoit entor lui planté de chevaliers. — Fl. 2386: Devant lou tref de paile ot un arbre foilié; Sor l'herbe qui fut verz ot un paile desplié; Lai se siet l'aumatrez et li rois Galiens, Et juent as eschas li cuverz renoiez. — F. de C. 24, 13: Tiébaut d'Arrabe trouva defors soi quant: As eschés juie à un roi de Damart. — ib. 160, 20: Trouva le roy des Frans desous .1. pin assis, Ou jouoit es eschès à Tiébaut l'Arabis. — C. V. 988: Devant la tor par desoz l'olivier, Là vit Bertran, le marchis au vis fier, Et dan Guillaume qui jeue a l'eschequier.

199) Ch. O. 3186: Callos l'a mort d'un escekier d'or mier — R. de M. 156, 35: D'un eschekier d'argent. — H. de B. 7491: Adont ont fait l'eskekier aporter, Qui estoit d'or et d'argent painturé.

200) Gar. de M. 5, a, 8: Or a on l'eskekier enmi la sale mis, Ains plus rice eskekier ie croi nus hom ne vit, Toz fu d'or et d'argent tresietés et cloofis La bordeüre entor fu faite d'un rubis Tos bordés d'esmeraudes et de rices saphirs. Tels .v.c. en i ot de ce sui ie |toz fis Que la piere valoit .c.s. de paresis Karles l'auoit molt chier. li rois de saint Denis Lors s'est assis li rois desor .1. paile fis Et Garins d'autre part qui n'iert pas esbahis Lors se sont acouté s'ont les esches assis. A cel commencement n'i ot ne jeu ne ris.

201) R. de M. 389, 8: El point tint une fierte dont il cuida joer: Blanche ert de fin ivoire, que n'i ot qu'amender. — ib. 390, 22: Donc a pris .1. aufin qui la teste ot dorée. — H. de B. 7493: Li eskies furent de fin or esmeré.

202) R. de M. 389, 8: El point tint une fierte dont il cuida joer; Blanche ert de fin ivoire que n'i ot qu'amender. Cil visa sor le front, si l'i laissa aler, La char li a brisiée, lo tost li fist crever, Deci en la cervele li fist la fierte entrer. Li pautoniers chaï toz mors, sans confesser. Puis prist Richarz .1. roc que illuec vitester; .1. autre en abati qui n'ot soing

waren, der unsrigen entsprechend, folgende Namen geläufig
»roi« (König), »afierte« (Königin), »aufin« (Läufer), »chevalier«
(Springer), »roc« (Turm) und »poon« (Bauer)[203]; die Bezeichnungen »eschac« und »mat« galten für unser »Schach«
und »Matt«[204]). Man spielte oft nicht lediglich um die Ehre
des Gewinnens, sondern setzte hohe Summen ein[205]). Dann
durfte aber auch von den umherstehenden Zuschauern keiner
ein Wort dazwischen reden; es wurde dies streng verboten[206]).

---

de crier. La cervelle li bout, veoir la puet on cler; Puis gita .1. aufin;
.1. autre en va fraper; Si fiert .1. des sergenz que mort lo fist voler.
cf. 390, 14.

203) R. de C. 63, 24: Il a son roc par force en roie mis, Et d'un
poon a .1. chevalier pris. — R. de M. 389, 8: El point tint une fierte
dont il cuida joier. — ib. 390, 18: L'un feri d'une fierte qui grans est
et quarré. — ib 389, 17: Puis gita .1. aufin. — Gar. de M. Romv. 351, 33:
Garins trait vn aufin si prent vn chevalier — ib. 352. 31: A vn petit poon
enportait vn aufin A l'autre trait après ieta vn roc souuin. — R. de M.
390, 22: Donc a pris .1. aufin qui la teste ot dorée. — Gar. de M. 6, c, 12:
.G. a d'un aufin .1. roc acoueté A l'autre trait en a .1. chevalier porté. — R. de C.
63, 24: Et d'un poon a .1. chevalier pris. — R. de M. 389, 14: Puis prist
Richarz .1. roc que illuec vit ester. — Gar de M. Romv. 351, 25: Li rois
ait trait vn roc, que garins correea, — ib. 354, 23: Garins trait vn poon
s'en ait .1. roc porté. — ib. 354, 30: Le roc en aportei dont Karles fu iré.
— Ch. O. 3159: Il (Ogier) et Callos prisent un eschequier, Au ju s'asisent
por aus esbanier. S'ont lor eschés assis sor le tablier Li fix au roi le traist
son paon premier Bauduinès traist son aufin arier, Li fix au roi le volt
forment coitier, Sus l'autre aufin a trait son chevalier.

204) Gar. de M. Romv. 354, 29: Eschac se dist Garins au roc. —
Ch. O. 3167: Bauduinès 'li dist mat en l'angler. — R. de C. 63, 26: Por
poi quil n'a et maté et conquis. — Gar. de M. 6, a, 14: & vos estes toz
mas ensi com ie destin — ib. 6, c, 27: Je ne vos materai se n'est outre
mon gré — ib. 6, d, 2: Quant vos m'arés de ieu & vencu & maté. —
ib. d, 6, 16: Or me rent mat voiant tot mon barné. — Gar. de M. Romv.
353, 1: Je vous fera tou mat ausi com ie devin. — R. de M 373, 23:
As eschès jue o lui, sovent l'avoit maté.

205) P. la D. 1219: Au fil au duc Garnier comenca à jnier. Chascuns
i mist .c. sols de deniers monéez; Mais les a il (Hugues) trestoz et vancus
et matez, Que il n'i ot .1. sol qui l'an poüst mater. — ib. 1197: »Hugues,
vendras ou nos uus eschas por joer, Si gnaigne .c. sols à l'eschaquier
doré Et si nos mostreras des eschax et des dez. — A. l. B. 37, 13:
Eschès en mainent, onques ne fu si grans: Ains Auberis n'en rëtint .1.
besant: — C. V. 990: Et dan Guillaume qui jeue à l'eschequier Perdu
avoit un mul et un somier.

206) H. de B. 7479: Adont ont fait un samit aporter, Enmi le sale
le font errant geter; Hües s'asist et la dame delés, Et li baron s'asisent
de tos lés; Et Huelins apiela l'amiré: »Sire, fait-il, en vers moi entendés:

Es kann uns daher auch nicht Wunder nehmen, wenn beim Spiel, besonders der Verspieler, aufgebracht wurde und sich wohl gar zu Excessen hinreissen liess [207].

c) Tafel- und Würfelspiel.

Neben dem Schachspiele werden das Tafel- und Würfelspiel häufig erwähnt; es ist jedoch kein näherer Aufschluss gegeben, wie damit gespielt wurde [208]. Wir erfahren nur, dass

---

Or vous requier, sire, que nen parlés, Vous ne vostre homme, cortoisie ferés; Li jus est grans, nus ne s'en doit meller«. Dist l'amirés: »Ja mar en doutéres.« Adont a fait errant le ban crïer .Tout coi se taisent, sor les membres coper. Adont ont fait l'eskekier aporter, Qui estoit d'or et d'argent painturé; Li eskiec furent de fin or esmeré. »Dame, dist Hues, quel ju volés juěr?« etc.

207) R. de M. 51, 20: Il giuent as eschès sor le marbre entaillié, Et tant i ont joé que puis se sunt irié; Bertolais se corroce, si s'estoit marvoié, Et a clamé Renaut fel cuivert renoié; Une bufe li done, li sans en espandié. Comme Renaus le vit, si s'en est corrëcié Mult s'en failli petit qu'i ne l'a empirié. — Ch. O. 3159 ff.: Il (Ogier) et Callos prisent un esquekier Au ju s'asisent por aus esbanier ... Tant traist li uns avant et l'autre arier, Bauduinès li dist mat en l'angler ... *Karl wird darüber ärgerlich, ergreift das Schachbrett und wirft es Baud. an den Kopf, so dass er stirbt*: Callos l'a mort d'un eskekier d'or mier. — Gar. de M. Romv. 351, 25: Li rois ait trait vn roc que Garins correxa ... Garins trait vn aufin si prent vn chevalier Quant li rois l'a veüt vis ouida enraigier, Par mautalent fiert ci del poing sor l'eschaquier Que parmi le plus fort le fist fendre et brissier.

208) Kls. R. 338: As eschies e a⁸ tables se vunt esbaneiant. — Ch. O. 91: Si com juoit as eskès et as dés. — ib. 9701: Li arcevesques juoit as chevaliers Si l'ensignoit li bons Danois Ogiers, Car mult savoit d'esces et des tabliers: C'est une cose dont Turpins l'avoit chier. — C. V. 968: Et mil qui juent as eschès et as tables. — Gfr. 10569: Où li aprist assés des eschès et des dés. — Loh. II, 99, 12: Lez le tonnel, en sa main trois dés tint ... »Venez seoir et si getez au vin.« — R. de M. 310, 9: Et Richars et Guichars ù jooient as dés. — F. de C. 145, 13: De plain jour demanderent tables et eschiquiers. — G. de V. 3365: La dame (Guiborc) monte contremont les degreiz Trovait Hernaut, ke tant fu redouteiz Où li ioioit as tables et as deiz.

209) Gar. de M. 4, b, 15: Si auons as eschès & as tables iué Petit auon perdu & petit conquesté. — A. 913: Et oi jué as deis, s'ot tout perdu. cf. 7121. — ib. 2524: Li ostes les ramaine, si prist les dés; Son plus grant eskekier a aporté, Ses compaignons en a araisoué: »Signor,« che dist li ostes, »or entendés: A cest cop a il lot bien mesuré De tout le millor vin de cest ostel; Et qui ne vient à nous al vin geter, Si me vuit mon celier et laist ester, La noise et le tenchon que vos menés: N'ai cure de tenckier ne d'estriver., Ains voil grant puis tenir en mon ostel.« Et cil li respondirent sa volenté: Atant s'en sont rasis al ju del dé.

auch bei diesen Spielen um Gewinn gespielt wurde [209]). Die Würfel waren aus Elfenbein gefertigt [210]).

Ballspiel, und zwar von Kindern gespielt, habe ich nur einmal erwähnt gefunden [211]).

d) Jagd.

Ein Lieblingsvergnügen für die Herren, und zwar ebenso für die Könige und Fürsten als für Ritter und Untergebene, war die Jagd [212]). Mit grossem Gefolge, mit Hunden und Falken zog man aus [213]), und zwar geschah dies am liebsten mit Beginn des Sommers, wenn im Monat Mai die Natur sich verjüngte, wenn Wälder und Wiesen zu grünen begannen und die Vögel ihr Lied anstimmten [214]). Hirsche

---

210) P. la D. 1058: Garde sor .1. escrin, si a veü .111. dez, Qui sont de fin yvoire et fait et pointuré.

211) Ch. de N. 884: Les .111. enfant que il ot engendrez Jeuent et rient et tienent pain assez A la billete jeuent desus le sel.

212) R. de M. 89, 20: Car dus Aymes lor peres estoit chacier alés Entre lui et ses homes, ses drus et ses privés, Sergans et veneors dont i avoit assés. — D. de M. 34: D'armez se penoit moult, là estoit sa pensée, Et à cachier en bois chascun jor à journée. — ib. 51: Li quens ala cachier en la forest ramée. — ib. 62: Li quenz et si baron furent cachier alé. — Aub. 2279: Li autre sont el bos, sachiés, cachier alé.

213) R. de M. 166, 25: Renaus, li riches ber, repaire de chacier ... Ensamble o lui ses freres que li bers ot mult chiers Et ses chiens et ses viantres et ses veneors fiers Et bien trente sergens, qu'a cheval que à pié. — Ch. de N. 17: Li cuens Guillaumes reperoit de berser D'une forest où ot grant pièce esté ... En sa compaigne .XL. bacheler, Fil sont à contes et à princes chasez; Chevalier furent de novel adoubé Tienent oiseaus por lor cors déporter Muetes de chiens font avec els mener. — G. de V. 353: Li dus Rollan repaire de bersier D'une forest où il ot converseit Ensamble o lui .c. chevaliers menbré. — ib. 3486: Li emperere en est ou bois venus. Ses chiens descouple, dedans se sont feru Un poro eslievent mervillous et cremu ... Cil veneor chasent par grant vertu. — Loh. II, 221, 16: Chevaliers maine (Begues) avoec lui trente sis, Et vendors sages et bien apris, Meutes de chiens enniens jusqu'à dix, Quinze vallès por les relais tenir. — ib 225, 7: Meute de chiens en mena jusqu'à dix. Et Rigaus munte, chevaliers trente sis. — A. d'A. 1781: Garniers le fiz Doon repaire d'archoier; En la champaigne furent plus de .c. chevalier.

214) R. de M. 108, 15: Ce fu el mois de Mai à l'entrée d'esté, Que florisent li bois et raverdisent pré. Et cil oisiè cantoient parmi le bois ramé, Que Renaus et si frere sunt par matin levé; En la forès d'Ardene en sunt cascun alé .111. ciers i ont pris mult s'i sunt deporté. — ib. 112, 4: Ce fu el mois de Mai, à l'entrée d'esté, Ke florisent cil bois et verdoient

jagte man gern erst zu Michaelis, weil sie da am fettesten waren [215]),

Oft zog man schon mit Tagesanbruch zur Jagd aus und kehrte erst spät wieder zurück [216]). War der Wald erreicht, so wurden die Hunde losgelassen, damit sie die Fährte des Wildes aufsuchen konnten [217]); um sie zu ermutigen und anzuspornen, streichelte man sie auch zuvor [218]). Hatten sie erst die Fährte gefunden, dann verfolgte man dieselbe so lange, bis das Wild in Sicht kam [219]). Die Hunde stürzten nun darauf zu und war es, oft

cil pré, Dans Renaus et si frère sunt par matin levé, Et Richars et Guichars en sunt cacier alé. — ib. 166, 25: A l'isue de Mai, k'estés est comenciés ... Renaus, li riches ber, repaire de chacier. — Aub. 700: .1. iours en mai que tous bos uerdoia, Cis Mantanors en la forest entra. — Ch. de N. 14: Ce fu en Mai, el novel tens d'esté, Fueillissent gaut, reverdissent li pré, Cil oisel chantent bèlement et soé: Li cuens Guillaumes reperoit de berser D'une forest où ot grant pièce esté.

215) A. d'A. 1777: Ce fu à une feste du baron saint Michiel, Que li cerf sont de gresse et l'en les doit chacier.

216) A. d'A. 1977: Li dus Garniers se lieve à une matinée, Il et Fouquins li bers, et Guineniers ses freres Et montent es mulès, richement s'atornerent, Et porterent ostors de moult fermes volées; Aï Diex! quel riviere il ont le jor trouvée. Vers nonne s'en retornent, amblant parmi le prée — G. de M. 452, 12: Li iors apert et li aube esclarcit, En la forest est antreis Lancelins, .1. porc chasserent qui le ior i fut prins. — Aub. 700: .1. iours en mai que tous bos uerdoia, Cis Mantanors en la forest entra ... Dusque celle eure que miedis passa. — R. de M. 112, 6: Dans Renaus et si frere sunt par matin levé, Et Richars et Guichars en sunt cacier alé. cf. 108, 18. — Loh. II, 224, 21: La nuit jut Begues; de ci à le matin, Li chamberlans vint au lit por servir, Cote à chascier li Loherens vesti, ... Meute de chiens enmena jusqu'à dix. Et Rigans monte, chevaliers trente sis. — J. de Bl. 2271: Il se leva un juesdi devant prime, Esbanoier s'en va lez la marinne A douz faucons ont abatu un cigne.

217) Loh. II, 225, 14: Or va li dus en la forest chascier; Li chien avant se prinrent à noisier, Quant il commencent ces raines à brisier Truevent les routes dou porc qui a fumé. — ib. 226, 5: Met l'en la route et il prent à tracier, Jusques au lit vint li vrais liémiers. Entre deux chesnes chéus et esrachiés, Si com li ruis d'une fontaine vient, Là se gisoit (le porc) por son cors refroidier. — A. l. B. 53, 32 ff.: Et li braquet ont demené grant hu, Qui le flairour du porc orent sentu Tant le tracierent et tant l'ont porseü Qu'en .1. buisson ont le sanglier veü.

218) Loh. II, 225, 18 ff.: Li dus demande Brochart son liemier, Par devant lui li amaine uns breniers, Li dus le prent et si l'a desloié. Il li menoie les costes et le cief Et les oreilles por mieus encouragier.

219) G. de V. 3486: Li emperere en est ou bois venus, ses chiens descouple, dedans se sont feru, un porc eslievent mervillous et cremu. —

erst nach langer Verfolgung, endlich sicher gestellt, so kamen die Jäger herbei und erlegten es [220]). Schon an dem Abdrucke des Hufes in der Erde erkannte man die Grösse und Stärke des zu verfolgenden Wildes [221]). Ausführlicher sind nur Eberjagden mit ihren grossen Gefahren und Beschwerden beschrieben [222]). Es werden aber auch Jagden auf Hirsche, Dammhirsche und Bären erwähnt, die ebenfalls ermüdend und sehr anstrengend waren [223]).

Loh. II, 225, 1: En la Vicoigne vont le porc assallir, Bien les conduit dans Berengier li gris Jusques ou bois là où li pors se gist; Des chiens commence li abois et li cris. — D. de M. 63: Un cherf a acueilli, si chien sont descouplé. Tant le cacha li quens, que tuit furent lassé Et si chien li plusor recreu et maté.

220) A. d. B. 165, 11: Tant le chacierent et tant l'ont porsiu Qu'en .1. ramier ont le sengler veu. Endormis s'est dedens le bois foillu. Li chien se sont desous lui enbatu, De toutes pars li sont seure couru. Adonc i sont li escuier venu, Entors le porc uienent a grant vertu. — A. l. B. p. 54—56: Li chien i vont molt viguerousement. Il ne les doute; mès de tous se deffent ... Le Bourgoins vit couarder sa gent; Vers le senglier s'en vint isnelement; L'espié li lance molt acesméement, De lés le pis, si que la char li fent. Le porc se sent navrés parfondément; ... Puis s'entorna fuiant molt aigrement...A la fontaine, qui sort sus .1. auborc, Là s'aresta li pors par grant iror. Li chiens s'arestent; s'abaient tout entor. etc.

221) Loh. II, 226, 16: Begues i vint paumoiant son espié, Mais li pors fuit, que pas ne l'atendié. Là descendirent plus de dis chevaliers Por mesurer les ongles de ses piés. De l'un à l'autre demi doi et plain pié. — A. l. B. 53, 22 ff: Si com li pors est par le bois alés; Il descendent; le pas ont mesurés: Dist l'un à l'autre: — sire compains, veéz Si c'est de porc? ains ne fu veu tés.« Li veneor ne sont mie arestu; La trache troevent du porc, qu'il ont seu. Le pas mesurent; tout en sont esperdu.

222) cf. ausführliche Beschreibungen von Eberjagden besonders in: A. l. B. p. 53—56. G. de V. 3486 ff. Loh. II, 225 ff. - G. de M. 452, 14 ff.: .1. porc chasserent qui le ior i fut prins En enbronchant fu li sengleis ocis, lluec le print l'evesques Lancelins. cf. 451, 1. — R. de M. 166, 28: S'a pris .1111. senglers qui mult l'ont traveillié.

223) D. de M. 62: Un cherf a (Gui) acueilli, si chien sont desouplé. Tant le cacha li quens, que tuit furent lassé Et si chien li plusor recréu et maté. Et il a tel cheval qui tout a trespassé, Si que si compengnun l'ont du tout adiré. — A. l. B. 7, 10: Trestuit ensamble se sont alé chacier, .1. cherf ont pris. — G. de V. 353: li dus Rollan repaire de bersier ... Si orent pris .11. cers et un singler. — Ch. de N. 17: Li cuens Guillaumes reperoit de berser ... Pris ot .11. cers de prime gresse assez. — R. de M. 60, 29: Cacher vont ès forés el bos et el marois, As senglers et as cers et as ours demanois. — ib. 89, 20: Car dus Aymes lor peres estoit chacier alés. .1111. cers avoit pris, dont mult s'est deportés — ib. 108, 18: Renaus et si frere sunt, par matin lavé... .1111. ciers i ont pris,

Das erlegte Wild wurde an Ort und Stelle gehäutet und ausgeweidet, wobei die Hunde ihr Teil, jedenfalls die Eingeweide bekamen [224]). Zum Transport der Jagdbeute wurden Lasttiere mitgenommen [225]).

Während man sich zur Hetzjagd der Hunde (meutes de chiens cf. 213) bediente, gebrauchte man zur Jagd auf Geflügel, dressierte Falken und Sperber [226]), die am meisten Wert dann hatten, wenn sie schon öfters gemausert hatten [227]). Die Hunde sowohl, wie auch die Falken und Sperber hatte ein Jägermeister unter sich [228]). Die Waffen deren man sich

---

mult s'i sunt deporté. — ib. 57, 29: Bien i pueent les pors et les lées chacier Et les cers et les bices berser et archoier. — Aub. 702: Veneurs et chiens avecques lui mena, En moult de lieus la grant forest cercha, Mais chiers, ne dains, ne senglers ne troua. — A. 1775: »Se vous voliés, sire, avoec nous demorer Parmi ces bos iriemes a nostre volenté, Se prenderions des cers, des dains et des senglers Et je vos aprendroie richement a berser. — D. de R. 96: Li admirals d'Espaigne s'est alés desporter As puis sur Aigremore avec li .M. Escler La fist ces ours salvages a ses hommes berser La veissies maint viautre maint brachet descoupler.

224) A. l. B. 7, 10: Trestuit ensamble se sunt alé chacier .1. cherf ont pris si le font escorchier. — H. de B. 7404: Si sai cacier le cerf et le sangler; Quant jou l'ai pris, le prise sai corner, Et la droiture en sai as ciens donner.

225) Ch. de N. 19: Pris ot .11. cers de prime gresse assez. 111. muls d'Espaigne ot chargiez et trossez. — R. de M. 166, 28: .1111. somiers amene de venison chargiés.

226) A. d'A. 1979: Et montent es mulès, richement s'atornerent, Et porterent ostors de moult ferme volées. — R. de M. 166, 35: Renaus ot par ces rues noise des escuiers. Et des haubers roler et des chevaus torchiés Et crier par ces perches ces faucons monteniers. — Ch. de N. 27: Tienent oiseaus por lor cors déporter, Muetes de chiens font avec les mener. — D. de R. 101: Maint ostour veisiez et maint falcon voler. — J. de Bl. 2273: A douz faucons ont abatu un cisne. — Horn 2204: Osturs ont e faukuns la riuiere unt cerchée Des oiseaus ont taunt pris ke mut bien lor agrée.

227) R. de M. 60, 35: Portent faucons mués et estors vienois Dont prenent les oisiaus à merveilleus esplois — Gfr. 4957: Sur son poing ot le glout .1. faucon montenier Qui fu de .1111. mues, merveilles estoit fier. — ib. 5049: Si li avoit tendu son faucon montenier Qui fu de .1111. muez, merveilles estoit chier. — H. de B. 7403: Je sai mult bien .1. esprivier muer.

228) G. de M. 460, 1 ff.: Ensi remaint, signor, com je vos di, Veneor maistre en fit li rois Pepins, Les chiens li baille, cil volentiers le fit Li dus Girbers richement en seruit. Selui mestier li rois li retollit. Fauconnier maitre

bei der Jagd bediente, waren Bogen aus Ebenholz, eherne Pfeile, Lanzen, eherne Schwerter und Messer [229]).

Ebenso wie die Jagd, gehörte auch die Fischerei zu den Belustigungen [230]).

e) Waffenübungen.

Für den Ritter war es ein Haupterfordernis, die Waffen tüchtig handhaben und geschickt führen zu können, um im Kampfe mit Ehren zu bestehen. Schon der Knabe von 5 Jahren musste reiten lernen [231]) und bald darauf den Gebrauch der Waffen verstehen [232]). Eine sehr beliebte Uebung im Gebrauche der Waffen für den Ritter war das Rennen zu Pferde mit der Lanze nach der »quintaine« (behorder) [233]). Es wurden auf

---

de ces oziaus en fit Senechaus fut de France et dou pais, Et .III. libres de deniers paresis Auoit Gibers a chascun samedi. — Loh. II. 225, 18: Li dus demande Brochart son liemier Par devant lui li amaine uns breniers. — Horn 619: El demaunde les chiens sis ameine un gaitun.

229) Ch. de N. 22: .III. saietes ot li bers au costé, Son arc d'aubor raportoit de berser. — R. de M. 166, 32: Et portent ars d'aubors en sajetes d'acier. — D. de M. 101 ff.: Le quens se herberga, qui a son arc posé Et séeites trenchans, dont il avoit plenté Sa hache, son coutel et son branc acheré. — A. l. B. 54, 24: Vers le sengler s'en vint isnelement; L'espié li lance molt acesméement, ... — G. de V. 3505: Tant k'il l'ocist (le pors) à son branc esmolu. Trait le coutel, le pais li ait tolu.

230) R. de M. 57, 29: Bien i pueent les pors et les lées chacier Et les cers et les bices berser et archoier ... Où on prent les saumons, quant on i veut pescier. — ib. 60, 29: Cacher voient ès forés el bos et el marois As senglers et as cers et as ours demanois Et peschent ès rivières ès viviers et ès dois. — J. de B. 1296: Si com Jordains se gaimentoit ainsiz, Garde par mer voit un home venir En un batel qui moult estoit petis, Et quiert poissons, c'est li ars, dont il vit.

231) G. de N. 116: .II. nourrichez li baillent pour lever et baignier. Quant il orent .V. ans, si lez font chevauchier; Et quant il en ont .VI., bien galopent destrier.

232) P. la D. 964 ff.: Quant l'anfes ot .XV. anz et compliz et passez, Bien sot .I. cheval poindre, et bien esperoner. Et d'escu et de lance sot moult bien béorder. Et quant il ot .XV. anz et compliz et passés, N'ot enfant en la terre de si aut parenté Qui tant fust an .XV. anz ne créus n'amendez. — R. de C. 296, 16: Et quant il ot .VII. ans et .I. demi, De behorder et d'armes s'antremist. Ausi biax fu de .VII. ans li meschin Com .I. autre enfes est amandés en .XX. — H. C. 17: Huez n'ot que .XVI. ans, soy prist à cointoiier Et à servir lez armez, jouster et tournoiier.

233) Loh. I, 65, 4: Après mengier sunt del palais torné; Aus ostex

einer Weise Pfähle eingeschlagen und mit Rüstungsstücken behängt, nach denen gestossen wurde, gleichsam als hätte man mit einem lebenden Ritter zu kämpfen ²³⁴).

Fürsten hielten sich einen Fechtmeister der ihren Söhnen die Führung der Waffen beibringen musste ²³⁵).

Ferner wurden um gen Körper zu stählen, gefochten und

vont, es chevaus sont monté, Escus ont pris, assez ont behordé. — ib. 85, 4: Quant mangié orent et midis fu passés, Cheveus demandent, on lor a amenés. Les escus prennent, behorder vont as prés. — G. de N. 491: Quant il orent soupé, les napes font sachier. La mesnie Guion se va esbanoier Là dehors, à chez prés, chascuns sor son destrier. Es prés desous Paris furent bien .III. millier. Quant orent behordé, si s'en revont arrier. — M. de G. 22, 15: Quant ont mangié, as chevax se sont mis, Por béorder sont issu de Paris. Et la réine au jent corz seignori S'en est issu o damoiselles diz. — F. 6129: Quant il eurent digné, les napes font sacier: Cascun sor son ceval s'ala esbanoier. Karlemaines a fait la quintaine drecier; Tout le jour behourderent desi à l'anuitier. — A. l. B. 51, 10: Quant ont mengié, si s'en vont behorder; Et li Dus fet la quintaine lever. Ses chevaliers vouloit [il] esprouver, Savoir ès quex il se porroit fier. Et il meïsmes fit Blanchart enseler; A la quintaine se vouloit déporter. — B. a. gr. p. 2590: Quintaine font fermer en un biau. pré flouri; Dux Naimles et li autre, chascuns d'aus i feri, Des nouviaus chevaliers nus ne s'en alenti. — B. de C. 86: Quant il orent mengié, quintaine font fermer. — A. 8638: »Je vous pri et requier por sainte charité Que vous une quintaine faites drechier es prés, Si i ferai .I. caup pour mon cors esprover Savoir se mès poroie mes garnimens porter Ne en ruiste bataille chevalier encontrer. — G. de R. p. 391 ff.: Quintaine lor fait faire ès praz d'Arsent. D'escu noef e d'osberc fort e luisant . . . A la quintane veit grant communale, Cent danzel i ont fait cup juaille. cf. p. 300.

234) E. de St. G. 69 ff.: En mi ces prés sor le riviere large Une quintaine metrai sor .II. estaces, Et s'i avra .II. escus de Navaire ert .I. auberc dont tenant ert la maille, Et s'i feras .I. cop par vaselage. — ib. 133: Il se traient ariere et li enfans s'aïre Et fiert en le quintaine mout grant cop a delivre Les escus a perciés et les aubers deslice Les estaces abat et toutes les debrisse. — A. 9925: La quintaine font faire ens el pré verdoiant, Ce fu de .III. estaces d'un fort escu tenant; Aiols point le destrier c'on claime Pasavant: Li destriers se desroie qui les grans saus porprent, Fors Marchegai el monde n'en ot .I. plus corrant; Et fiert en la quintaine par son fier maltalent; Que l'escu fait percier sor la boucle a argent, Et les paissons tout .IIII. froisa de maintenant, L'escus et la quintaine caï de maintenant.

235) A. 10350: Lés aus chevauce Aiols et lor maistre Terris, Et li rois Grasiens et si millor ami. En la quintaine fierent li doi baron gentil Deus cos desmesurés, ains hon plus grant ne vit.

236) R. de C. 22, 8: Enmi la place qui tant fist a loër, Cil chevalier commencent à jouer A l'escremie, por lor cors déporter. Tant i joérent, à mal l'estuet torner — R. de R. 133: Et escremissent cil bacheler légier,

gegeneinander gekämpft [286]), mit einander gerungen [287]) und im Steinwerfen geübt [288]). Alle derartigen Spiele und Kämpfe, so wichtig für den Ritter, um ihn für den Kampf tüchtig zu erhalten, waren zugleich ein Anziehungspunkt der Schaulustigen; es stellte sich dazu ein zahlreiches Publikum ein, um sich an dem zu erfreuen, was die tapfern Ritter ergötzte [289]). Und

Lancent et gitent por lor cors essaier. cf. Rol. 110. — F. 2888: »Par foi, dist li dus Namles, quant li rois a digné, Lors va esbanoier pour son cors deporter Et li un escremissent et salent par ces prés. Li pluiseur vont as tables et es esciés juer. — A. d'A. 1422: Par devant le baron .11. chetis escremissent. cf. 1680. — F. de C. 150, 24: Molt jousta bien de lance quant sist sus bon destrier. Bien sot ferir d'espée grans cops sans menacier. — Aub. 1524: Quant ont mangiet si uont esbanoier Dont ueissiez par desous maint destrier Maint cheualier des espourons brocier, Sor maint escu mainte lance brisier: Dusques a nonne ne laisent cel mestier. — A. l. B. 7, 31: »Vassal, prendes l'escu et le baston .1. petitet nos esbanoieron, Plus volentiers et mieus en mangeron.« Dist Auberi »n'i voi nule raison, Ains d'escremir ne vint ior se mal non; Ja n'i prendrai encontre vos baston.« cf. 8, 26.

237) D. de M. 9292: Atant es .1. Englois, fier et fort pautonnier; Si fort ne trouvast on, tant séust on cherquier: En la court ne servoit de rien fors de luitier Et de tous les plus fors honnir et vergonder. Devant le roi venoit tous jours après mengier, Que le roi li amoit pour li esbanoier. .1. Danois saut avant, que Dex ne fist si fier, Si fort ne si puissant, bien le puis afichier. Contre le grant Englois se voudra essaier; Devant le roy se vont as bras entrelachier.

238) D. de M. 9396: Atant es vous .1. Turc de Turquie la lée; Plus fier homme n'avoit jusqu'en la mer betée. Chil servoit en la court chascun jour à journée De la pierre ruer, que plus a rien ne bée. Devant le roi (Danemont) s'en vint sans plus demourée. Une pierre moult grant a à son col portée; La jambe mit avant: tant l'a le glout getée. Tuit s'en sunt merveillié cheus de l'avironnée. Le roi geta après; mès sa paine a gastée, Que avenir n'i peut d'une aune mesurée. Maint s'i sunt essaié, mès tous li ont quitée. *Nur Doon wirft und siegt.* — Horn 2566: Quant asez ont beu uunt sei esbaneier En la cort uont iuer cil liger bacheler Ki launce i uont launcer ki pierre i uont ieter Ilokes se purra ki fort est esprouer Ki de force purra les autres surmunter Amdui li fiz le rei al dedut uont ester.

239) Gar. de M. 85, d, 17: & .G. a le sien du fuere fors ieté molt reluist & resplent & iete grant clarté Mabilete le uoit qui fu al fenestré & bernier & li frere & li autre barné. — Horn 2571: Amdui li fiz le rei al dedut uont ester E li reis i alad pur le giu esgarder E la reine od aus ses filles fait mener Pur ueeir le dedut ki s'en purra uaunter. — A. d'A. 1680: Tot droit sor Aigremore en un vergier flori, Troverent roi Ganor, o lui ses Arrabis. Et il et Aie sistrent par desor un tapis. De devant lui faisoit .11. chetis escremir — ib. 3062: La mesnie Milon s'en tornerent iriez, Et Garniers les enchauce comme bons chevaliers Les contesses esturent desous un olivier, Voient les uns fuïr et les autres chacier. cf. 1420. — M. de G. 22, 16: Por béorder sont issu de Paris.

selbst auch die Damen fehlten nicht unter den Zuschauern, sie liessen sich sogar Zelte bauen, um somit um so besser den Turnieren und Spielen folgen zu können [240]).

f) Belustigungen verschiedener Art.

Der König veranstaltete, um seine Ritter zu zerstreuen, um ihnen Vergnügungen zu verschaffen, Bären-, Stier- und Löwenkämpfe, zu denen sich eine grosse Zuschauerschar versammelte [241]); Sänger und Jongleure fehlten auch hier nicht und trugen Lieder mit Begleitung ihrer Instrumente vor.

Besonders gern bewegte man sich im Garten unter dem Schatten der Bäume [242]); man liess sich dort ebenfalls Lieder

Et la réine au jent corz seignori S'en est issu o damoiselles diz — A. et A. 1449: Le rois i va o son riche barné Et la roïnne sor un murl sejorné Por la bataille véoir et esgarder. cf. 1653. — A. 2505: Par milliu d'une rue s'en est tornés: .c. chevaliers l'esgardent jovene et barbé Et dames et puceles et bacheler; Le cembel esgardoient por deliter: Chou est molt bele cose a esgnrder. — ib. 3029: Estroitement le çaint por grans vertus. .c. chevalier l'esgardent jovene et kenu, et dames et puceles qui sont as murs. cf. 3107.

240) B. de C. 86: Quant il orent mengié, quintaine font fermer; Dame Ermengars i fait un pavillon porter Où les dames iront seoir et deporter. — ib. 2280: »Mon tré vueil faire tendre droit delés cel larris Droit delés la fontaine as oliviers fueillis; Mainte bele pucele i ara à cler vis L'estour vorrons veoir de Frans et d'Arrabis.

241) R. de M. 152, 1: Illuec trova Yon le fort roi coroné, Et .III.m. chevaliers qui là sunt assamblé, Et fait ces u[e]rs combatre et ses grans ors beter. — Chantent cil chanteor, vielent cil jogler Et fait soner ces tymbres, ces grailes ordener. Si se fait à .u. pailes richement esventer Por la chalor qu'est grans, qu'il ne puet endurer. — A. d'A. 2684: Et .III.m. chevalier sont sà fors au perron Qui ont chauces de paile, bliaus de ciglaton, Et grans piaus marterinnes et bermins peliçons, Et esgardent le gieu des ours et des lions Et iont ces fables dire et escouter chançons.

242) R. de R. 760: Soz une olive s'en va séoir li rois Desor un paile qui fu blans come nois, Et l'augalie ses oncles li cortois. cf. 965. — Alc. 3377: En un gardin va un sapin coper . . .c. cevalier s'i puent aombrer Li rois de France ne le laissast coper Ki li vausist .c. mars d'argent doner; Car cascun jor s'ala illuec disner Rois Loéis et son cors deporter. — Ot. 1013: La fille al rei, Alfonie al vis cler En un vergier entra pour deporter, Ensembl'od lui Guaïte et Belamer. cf. 1043. — A. l. B. 249, 4; Li dus estoit .I. ior en .I. vergier Entor lui ot maint duc et maint princier, Par le palais se uont esbanoier. — Loh. II, 154, 18: Li messagiers arriere s'en revint, Parmi la porte ens Bordelle se mist, Jusqu'au vergier ne print-il onques fin Trueve Fromont soz un pomier flori; Cil chevalier furent par le jardin, Çà dis, çà trente, là quarante, là vint. — Ch. O

vortragen ²⁴³), oder es wurde gespielt oder gefochten ²⁴⁴).
Dorthin berief auch der Fürst seine Barone, um sich mit ihnen
zu beraten ²⁴⁵). Solche Versammlungen pflegte man überhaupt
vielfach im Freien abzuhalten, auf dem »perron« ²⁴⁶), unter dem
Schatten eines Baumes ²⁴⁷), auf einer grünen Wiese, indem ein

4856: Kalles li rois estoit devant son tref, Un faudestuef avoit fait
aporter; Illuec s'asiet por le caut qui grans iert.

243) A. d'A. 1783: Li bers se destorna en l'ombre d' un vergier, Par
desor l'erbe vert, por son cors refroidier; D'une chançon fait dire de
Robert l'ecoier Et de la bonne foi Enguelas sa moillier, Com garirent
de mal lor seignor Olivier. — P. d'Or. 136: Trueve Guillaume desoz le
pin ramé, En sa compaigne maint chevalier membré. Desoz le pin lor
chantoit un jugler Vielle chançon de grant antiquité, Moult par fu
bone, au conte vient à gré. — Loh, II. 87, 6: Là véissiez valès escus
tenir, Les chalemiaus, les vielles tentir, Et les caroles chanter et esbaudir.

244) Kls. R. 265: Destre part la citet demie liue grant Troevent
vergiers plantez de pins e loriers granz; La rose i est florie, li alburs e
l'aiglenz. Vint milie chevaliers i troverent seanz, E sunt vestut de palies
e de hermines blans E de grans pels de martre jusk'as piez traïnanz As
eschies e as tables se vunt esbanoiant, E portent leur falcuns e lur ostura
alquant; E treis milie pulceles a orfreis reluisanz. Vestues sunt de palies,
les cors unt avenanz, E tienent lur amis, si se vunt, deportant. — Rol.
103: Li Emperére est en un grant vergier, Ensanbl'od lui Rollanz e
Olivier . . . Là ù ciat furent, des altres i out bien. De doulce France i ad
quinze milliers. Sur palies blancs i troverent seanz, As tables juent
pur els esbaneier, E as eschecs li plus saive et li viell; E escremissent
cil bacheler legier. Desouz un pin, delez un eglentier . . . La siet li reis
cf. 407, 501. cf. *Schachspiel im Freien* Anm. 198.

245) A. l. B. 7, 12: Defors la uile ot plunté .l. vergier, Là descendirent
por ius esbanoier. Li rois Ouris i uait por refroidier, Ses hommes mande,
a ians ueut conseillier. — Rol. 165: El grant vergier fait li reis tendre
un tref . . . Desuz un pin en est li reiz alez, Ses baruns mandet pur sun
conseill finer.— ib. 501: Enz el vergier s'en est alez li reis, Ses meillura
humes enmaine ensembl'od sei; E Blancandrins i vint al canut peil,
E Jurfalez ki'st sis filz e sis heirs, E l'algalifes sis uncles sis fedeilz. Dist
Blancandrins: »Apelez le Franceis.« etc.

246) R. de R. 625: A un peron qui fu de marbre bis; Un faudestué
d'or fin i ert assis. Là siet li rois qui d'Espaigne ert baillis; Entor lui
ot plus de mil Arabis. — G. de N. 1873: Au perron sous la sale s'en
sunt venu errant, De Guion de Nantueil nouvelez demandant. Desor .l.
faudestuel à fin or reluisant S'assiet le roi Ganor, en sa main tint son gant
Jouste li sist dame Aye sor i paile aufriquant. cf. 990.

247) A. d'A. 2957: Garniers est descendus desous .l. pin foillu; Sa
gent et sa mesnie apela entor li. — D. de R. 158: Li admirails d'Espaigne
out moult le queor irré, Devant soi appellа Brullant de Montmirré, Sortibrans

Teppich ausgebreitet wurde, worauf man sich setzte²⁴⁸), endlich auch unmittelbar vor dem Zelte²⁴⁹). Der Fürst, welcher die Versammlung berufen hatte, sass auf einem Faltstuhle²⁵⁰), als

---

de Coïnbres, son consailier privé, Clamaton et Mordant Eulzunt et Tempesté, Brutans et Parsagon, Gauhu et Tenebré Et .xiii. amaceours ou le vieil Baufomé. Sous l'olivier en l'ombre sont al consail mandé. — R. de R. 14: En Saragoze est Marsille li ber; Soz une olive se siet por déporter, Environ lui si demaine et si per. Sor un peron, que il fist tot lister, Monte li rois si commence à parler. — ib. 199: Beaus fu li jors; li sols est esclariz. Kalles li Maines qui tant par fu hardiz, En est assiz desoz un pin floriz; En faudesteu qu'est de fin or masiz, Li rois de France demanois est assiz, Puis fait mander de ses barons esliz. — A. l. B. 234, 22: Delez .i. bois sous .i. aubre ramé Est Auberis et Fouques arestez Por conseil prendre a ses hommes mandés. — A. et M. 749: El uerdier sos une aulieu foillut Parlet Maurins, e sont ab lui soi drut. — Asp. 61, VI, 31: Rois Agullant, chi fu outremarin, Fist demander pagan e saracin, Cinquanta roi del lignace Caïn Li consil fu sot à l'umbra d'un pin.

248) R. de C. 51, 23: Sor l'erbe vert ont les tapis getez; Raoul si est couchiés et acoutez. .x. chevaliers a auec lui menez, Concel i prisent qui à mal est tornez. — ib 251, 10: Et li rois fu en mi le pret florit. Sor la vert herbe fait geter .i. tapis: Sus c'est assis nostre rois Loöys; De jouste lui la fille au sor Géri. Li chevallier et li clerc del païs De l'autre part ont le sierge porpris Por la parole escouter et oïr. En piés ce dresse li rois de Saint-Denis. — R. de R. 4368: Soz .i. lorier qui est enmi .i. champ, Gietent paien .i. paile verdoiant; .i. faudestuef gietent desus esrant, Desus assiéent le païen Baligant, Et tuit li autre sont remes en estant. Li amiraus a parlé tout devant.

249) Sax. I, 208, 9: Li rois sist an son tref sor .i. banc yvorin, O lui le duc Naymon, Berart et Baudoïn Il mande Herupois, les barons de haut lin, Salemon et Richart et Jofroi l'Angevin, Et le conte Huon, Sorbuef et Auquetin. Tuit s'assïent à terre sor .i. paile porprin. — Sax. II, 35, 1: Karles devant son tré se fu mis à estal, Berars et Baudoïns si prince natural, Dus Naymes de Baviere qi le cuer ot leal. — G. de V. 3865: Karles descent devant son maistre tref. Ses bairons mande, ses princes, ses chascé. El· faudestuel est maintenant monteiz. Où voit ses homes, ses ait araisonnes.

250) R. de R. 625: A un peron qui fu de marbre bis, Un faudestué d'or fin i ert assis. Là siet li rois qui d'Espaigne ert baillis; Entor lui ot plus de mil Arabis. cf. 199. — ib. 4368: Soz .i. lorier qui ert enmi .i. champ, Gietent paien .i. paile verdoiant; .i. faudestuef gietent desus esrant, Desus assiéent le païen Baligant, Et tuit li autre sont remes en estant. — Sax. I, 208, 9: Li rois sist an son tref sor .i. banc yvorin, ... Tuit s'assïent à terre sor .i. paile porprin. — Rol. 114: Desuz un pin, delez un eglentier, Un faldestoel i ot, fait tut d'or mier Là siet li reis ki dulce France tient . . . — G. de V. 3866: Ses bairons mande, ses princes, ses chascé. El faudestuel est maintenant monteis. Où voit ses homes, se ait araisonez. — G. de N. 1873: Desor .i. faudestuel à fin or reluisant S'assist le roi Ganor en sa main tint son gant Jouste li siet dame Aye sor .i. paile aufriquant.

Ehrensitz, oder er nahm ebenfalls auf den für die Barone ausgebreiteten Teppichen Platz [251].

---

251) R. de R. 760: Soz une olive s'en va séoir le rois Desor un paile qui fu blans come nois, Et l'angalie ses oncles li cortois. etc. cf. 14. — R. de C. 51. 23: Sor l'erbe vert ont les tapis getez; Raoul si est couchiés et acoutez. .x. chevaliers a auvec lui menez. — ib. 251, 11: Sor la vert herbe fait geter .l. tapis; Sus c'est assis nostre rois Loéys; De jouste lui la fille au sor Géri. Li chevalier et li clerc del païs.

Wortindex.

Aaisier, s' 188. abaient, s' 220. abatre 226. abois 219. acesmer 5, 136, 175. acier, cotiaus d' 116, sajetez d' 229, a. poitevin 117. acoster, s' 45. acoveter un roc 203. acueillir 219. adouber, s' 59. afiches 94. agenoillier 176, 183. aigniaus de brebis 142. aigue 123, 167. aImant, pecou d' 19. ajournement 99. alemele 117. alixandrin, paile 22. alōes 150. amender 232. anelet 80. angler 204. anguiles 151. aniax 80, 81, 94. aombrer 232. aorer 40. apareillier les fonz 71. apeler (nennen) 70. aprendre a joer 197. aprester fonz 70. araisnier 188. arbre 198. arc d'auborc 229. archevesques 61. archoier 213, 223. areer d'armes 40. argent 9, anel d' 80, coupes, hanas, vessiaus d' 118. eschekier, esquieles d' 119, mars d' 80, pecul d' 9. armer 59. armes, s'antremetre d' 232. assallir 219. asseoir s' 132 ff. astier 144. atorner 42. aube 32, 216. auberc 59. aubor 229. aufin 203. aumaire 157. aune mesurée 238. autel, auter 77, 89 ff. awes 143.

Bacheler 173, 213. bacon 139 f. baignier 231. bains aprester, conreer 195. baisier 188. banc yvorin 250. baptisier 69a, 70. bares d'olifant, lit as b. 16, 19. bariax de vin 170. barril 164. bars 151. bassins d'or 126. 130. baston 236. bataille 239. batel 230. bauptesme 187. behorder, 232 ff. beneīr 79 b. fonz 70. berser 213 ff. besans 94, 190, 205. bestes 10. beter 241. bices 223. billete 211. biscuit 160. blé 140. bliaut 175. boguerastre 168. bois 212 ff. bolir 148. bordeüre 200. bors du caalit 19. borse 90. boucieus 164, 170. boucler 166. bouglerastre 168. Bourgogne, vin de 171. bouteillier 118, 173, 180. bran 97. braquet 217. brebis 142, fromages de b. 161. breniers 228. Bretons 163. brissier 207. brocier 236. broiés 158. buef 139. bufe 207. bugle, corn de 119. buisson 217. buleté, pain 155, miche 172, fouace, froment 157, gastiaus 158, simbres 159. busines, corner as 124. buteillerie 119. butors 150.

Caalit doré 19. çaindre l'espee 59. cangier son nom 71. canter 4, 192, 214. cape fourrée 190. caroler 192. cauces 44. cembel 239. cendal, linçoels de 23, velox de 23. cercle 177. cerf 146 f., 172, 215, 223 ff. cevax 141. chacier 212 ff. chalemiaus 32, 196. chamberlans 44. chambre 7. champaigne 213. chandcille 11. chansons 4. 6. 192, ch. de Robert l'ecoier 243. chant dou rousseignol 46. chapelaines 63. chapons 143. chapuisier 146. char 172, 220, pieches de 145, ch. fresche et salee 138. chaucier, se 42. chelier 140. .chemise 175. chesnes 217. chevaliers 213, (Springer im Schach) 203. chevauchier 231. chevreus 172. chiens 213 ff. cief 218. cierges 11, 37 cisnes, 144, 226. claré 168. clofire 200. coifre 162. coilte 22, 59. col, pendre al 59. columbiax 162. complie 67.

connins 148. conquester 269. conseillier 245. conter 3, 4. cordeīs, lit 20, 22. cordes 191, c. de soie 19. corn de bugle 119. corne 32. corner l'eve 124, la prise 224. coron 111. corrocier, se 207. costeīr 87. cóstes 218. cote a chascier 216. couarder 220. couchier l ff., 26. coultes 22 f., 59. coupe 118, 126. coutel 115 ff., 229. couvertoir 24, 79. couvertures 14. cresme. presaignier 70. crever 32. crier l'eve 124. cris 219. cristal 11, lit a. c. 18. crois, fnire le 30. cuisine 138. cuisinier 192. cuivre, lit de 17. cuve de fin or 70. cuvier 166.

Dains 223. daintiés 149. damoisel 173. danser 192. deduire 3. delitier 5. deniers 90 ff., 228. Denis, saint 186. déporter, se 4, son cors 236. deprier 30, 39. dés (*Würfel*) 208. desarmer, se 135. descoupler 213, 219. desloier 216. desnuer, de ses dras 74 f. despensier 173. despoillier 75. destriers 190. desvelopper nu 70. desvestir 75. disner 99 ff. doblier 129. dois 111, 132, 230. donjon 108. donoier 188. dormir l ff., 26. dras de soie 24, 190. droiture 224.

Elme, fermer l' 59. empereriz 176. enbatre, s' 220. encloistre 87. encouragier 218. encourtiner 79. endormir 6, 29 f., 220. enfoīr 91. engoulez, hermins 190, 24. Enguelas, moillier de Robert l'ecoier 243. enoindre 71. enpevré, cisne 144. enraigier, vis 207. enseignier d'eschèz 197. ensevellir 87. enterrer 69c, 86 ff. entonelez, vins 170. entreespouser 79. entrelachier 237. enpelopper 76. erbe 248. ermins, couvertoir d' 24, pelicon e. 175. ermites 64. esbanoier 4, 192, 195. escarbuncle 11. escarimant, paile 22. eschac 204. eschamel 13. eschançon 194. eschequier 199. eschès 194 ff. esclarcir 32 f. escorchier 224. escouflez 172. escouter service 48 ff. escremie, escremir 236. escrin 210. escu 96, pendre al col l' 59. escuëlle 126. escuier 173. eskiec 201. eslever 219. esmail, espunde d' 19. esmeraudes 200. esmireûr 43. espee, çaindre l' 59. esperoner 232. esperir 38. espié 220. espois 150. esponde 19. espondele 19. espousailles 77. espouser 69 a, 79, 187. espringner 4. esquīeles 119. estaces 11, 234. esté 214. estour 240. estrumens 190. esveillier 31, 33, 37 ff. eve 123 s. aigue. evesquès 62.

Fables 4, 6, 192. faisans 150. fars d'ues et de poivre 145. fauconnier 228. faucons 226. faudestuel 250. fenestre 45, 195. feste 186. festiier 192. feves 163. fierte 203. flairour 217. flaons 163. florir 214. flors 10 f., linceus as f. 23. fontaine 150. fonz 70. forest 172, 212 ff. forré de gris, covertor 24. fouace 150. froment 157. froumage 161. fruit 27, 172. fueilir 214. fumer 217.

Gaber 5, 188. gaite 32, 35 f. gaitun 228. gulasien, paile 22. gantes 144. garçon 173. gardin 242 garnement 59, 96. gastiaus 158 f. gaut 214. gelines 143. genoillons, à 184. gesir 26, 219. geter 236. gieu 207, 241. giroflée, sauce 143. glans 172. gourdinez 1. graisse 146, 215, 225. greer 78. greniers 140. gris 24, 175. grues 150. guige 97.

Hache 229. hairons 150. hanap 95, 118, 120. harpe 191. harpeor 190. hastes 170. herbe 172, 198. herbergier 181. hermins, -ne 175, 190. hermites 64. honorer 134. hostel 2.

Iawes 143. ivoire 201, dez d' 210, espondes, d' 19, lit, d' 16, 22. yvorin, banc 250. ivres 166.

Jantes 144. jardin 109, 195, 242. jouer 4 f., 188, as eschès 196 ff. jougleor, jugler 189 f. jouster 232. ju 207, 241.

Keutes de paile 22. kievreus 148.

Lais 4, 192. lnit 163. lamproies 151. lancier 236. lardé de cerf 147. lardiers 140. lart 163. lasser 219. laver 41, 123 ff. lées 230. leescier 188. lever 231, se 31, sa main 38, des fons 76. lie, vin seur 166. liemier 218.

lievres 148. lin 23. linçoel lin; l. de cendal, samis, soie 23. lions 241. lit 14 ff. luitier 237.

Maçons 56. madre, hanap de 121. mai 214. main 46 ff. maistre 235. manche 117. mangier 1 ff., 99 ff. mangon 93. mantel 190. marbre, cambre de 8, piler de 12, sale de m. pavée 108, sarcuel de 86 ff. marbrin, palès 8. marée 172. marinne 216. mars 90. martre, covertoir de 24. maserin 121. maslars 150. mat, mater 204. matin, matinée 44, 216. matines 49. matinet 48. melekin, or 118. melles 150. menestraudie, -strez 190. menoier 218. mer 151. mes, servir du premier 137. messages 57. messe 48 ff. mestier, finer le 59. metal, lit de 17. miche bulletée 172. Michiel, feste saint 215. moillier 82 f. montenier, faucon 227. moustier 48, 87 f. moutons 142. muetes de chiens 213. muëz, faucons 227. mule, murlet 190, 205, 225.

Napes 112 f. navrer 220. nef d'or 119. noces 94, 187, 190. noél 185. noisier 217. nom 70 f. none 105. nonne 67. notes 4, 192. nourriches 231. nu desveloper 70, 29. nuneins, mustier de 88.

Oblicacion 90. offrande 79, 89 ff. oile 70. oiselons 149. oiseus 10, 213 f. olifant, lit d' 16, bares d'o. 19. olive 242. olivier 198. ombre 243. ongles 221. or fin, or mier 9, 15, 92, 190, or affricant, or melekin 118, aniax d' 80, bassins d' 126, coupe d' 118, cuve d' 70, escekier d' 199, escuëlle d' 136, espondes d' 19, faudestuel a 250, hanap d' 95, mars d' 90, nef d' 119, pecol d', pomel d' 19. oraison 30, 39, 90. oreilles 218. oreillier 23 f., 36 f. orer 90. orge, pain d' 156. orient 40. orkal, hanas d' 119. os de cerf 146. osteler 181. ostelz 2 f. osterin, oreilliers d'un 24 ostors 226. ours 146, 223 f., 241

Paile 79, 86, 90, 156, 198, bliaut de 175, guige de 97, keute de 22, p. alixandrin, escarimant, d'otremer, galasien fresé 22, p. porprin 249, p. roé 93. pain 155 f. painturé 9, 10, 199, 210. palefrois 190. paon 144. Pantecouste 185. parer, se 42. parisez 95. parler à 188. parreins 74. parrinaiges 76. pas du porc 221. Paske 185. pasté 162. patrenostre, dire sa 30. pavée, chambre 8. pavillon 240. pecol d'or 19. pelice, -içon 175. per, prendre à 190. perches 226. perdris 150. perine, cambre 8. perron 246. pescier 230. pevrée 143, 148. pfe 150. pierre 11, 80, 238. piés 221. piler 12 f. piment 164 ff. pin 198, 247. pinçons 150. pis 220. plouviers 150. plumer 150. poindre 232. pointe 9 ff. pointuré 9 f., 199, 210. poison, poissons 151, 153, 230. poitevin, acier 117. peivre 145. pome parée 172. pomel 13, 19. poon 1) (*Pfau*) 144. 2) (*Schachbauer*) 203. porc 146, 217 ff. porcel 139. poroffrir a genols 40. porpre 175, leit de 24. porseû 217. Portingal, vin de 171. pot 166. poucin 143. praiel 109. prés (*Wiese*) 195, 214, 234. pressaignier 70. prime, devant 216. prise, corner la 224. provendier 161. pucieles 174.

Qaaille 150. queus (Koch) 150, 163, 173. quintaine 233 f. quirre 150.

Rachater 97. Rachinez 172. raines (*Zweige*) 217. ramier 220. rassinettes 172 raverdir 214. recreü 219. refroidier 217, 243, 245. regenerer d'oile sainte 70. relais 213. rençon 97. reposer 1 ff., 26. reverdir 214. revestir 59, 76. reviaus 188. rire 3, 188. riviere 226, 230. robe cangier 136. Robert l'ecoier, chanson de 243. roc (*Schachthurm*) 203. roi 176. roie metre en 203. roman 4. rost 143, 148, 150. rostir 144. rousoles 153. rubis 200. ruër la pierre 238.

Sacrer 70, 79. saffrez, lit à 18. saignier, se 30, 38, les fons 70. saillir en piés 38. saïn 163. saint, sonnent 60, 68. sajetes 229. sale pavée 108. salée, char 138, poison salé 151. Salemon, uevre 9, 117 f. salir 236. samedi 228. samit 206, leit de 25, linceus de 23. sanglier 139, 146, 217, 222.

saphirs 200. sarasinoise, nevre 13. sarcuel 87 f., sauce giroflée 143. saumons 152, 230. sautier 60. seaumes 39. segle, pain de 156. seille 166. semineaus 159. seneschal 122, 173, 179, 228. sentir (*wittern*) 217. sepelir 86 f. sercle 177. serganz 173, 212 f. service 48. servir 137, 173 ff. sestier 166. simles 159. sodée 190. soie, cordes de 19, 21, covertor de 24, dras de 24, 190, linceul de 23, porpre de 175. solacier 6. solers 44. sols 205. someilleus 5. somier 205, 225. sonner les sains 60, 68, estrumens 190. sons 6. souper 1, 105.

Tables 114 f., 132, 208, t. reonde 111, t. metre 110. tabliers 208. taburner 189. taillier 177, 19. taire, se 206. tapis 93, 248. targe 97. teste d'un aufin 201. tierce 53. toaile 122, 127 f. tonnel 170. torte 160. tournoier 232. trache 221. tracier 217. traire arier, trait (*im Schachspiel*) 203. tranchier 177 ff. travaillier 5, 10. tref 240, 249. tresjeter d'or 200. tromper 190. trosser 225. trouage 97.

Ues (*Eier*) 145. uis 12, 37.

Vakes 139. vallet 175, 213. vasiaus 130. vegiles 60. veillier 4 f. veissaus 120. velox de cendal, oreillier de velos 23. venaison 146, 225. veneor 212 ff., 228. verdoier 214. vergier 109, 242. vers (*Eber*) 241. verseillier seaumes 39. vespres 51, 65 ff. vessiaus 118. vestir, l'auberc 59, se 42. viandes 172. viautres 213, 223. vißle 191. vißler 4, 189. vin 27 f., 164, 168, 193. Vincens, Sainz 186. vitaille 141. viviers 230, oisiaus de 144, poissons de 151. voute 13, maistre 12, chambre à 8.

Ynde, paile d' 86. ysopé 168.

Druckfehler und Besserungen.

In den Anmerkungen: 78. Z. 1 v. u. l.: *archevesque*. — 81. Z. 4 v. u.: *Dont il.* — 87. Z. 2 v. u.: *ensevellir*. — 89. Z. 2 v. o. f. tilge: *L'arceveske-lettre.* — 104. Z. 3 l.: *palais* — 130. Z. 1 v. u. l : *diorés* — 162. Z 4 v. u. l.: *a plenté i a.* (Absatz) 163). — ib. Z. 2 l.: *maudit*. — Z. 1: *queu* — 175. Z. 3 v. u. l.: *El veit les.* — 202. Z. 4 v. u. l.: *vit ester.* — 205. Z. 1: *juier.* — 209. Z. 3 v. u.: *tenchier.* — 223. Z. 1: *descouple.*

Im Texte l. S. 52 Z. 3 f.: *Das H. des Weines war sonst Sache.* — S. 61 Z. 2: »*fierte*« — S. 68 Z. 1 l.: *Wiese.* — Z. 1 v. u.: *Ferner wurde um den* — S. 69 Z. 3: *die so wichtig f. d. R. waren,* — Z. 4 f.: *waren auch zugleich ein A. für Schaulustige, ein zahlreiches Publikum stellte sich dazu ein, um sich ebenfalls an.* u. s. w.

Nachtrag zu Ausg. u. Abh. Nr. XXXII.

In meiner Arbeit »Die Verfasser der altfranzösischen chanson de geste Aye d'Avignon« übersah ich, dass von Mussafia (Hs. Studien II, 324. 25) noch ein weiteres Bruchstück der Aye d'Avignon in der Marciana bekannt gemacht worden ist, welches insofern für meine Arbeit von Wichtigkeit ist, als es mit der in §§ 56—59 besprochenen weiblichen $a(e)_n$-Tirade 57 zusammenfällt. Gerade für diese Tirade stellten sich, dem Texte des Druckes nach, der völligen Trennung der beiden Nasalvokale die grössten Schwierigkeiten entgegen, während sich bei allen übrigen Tiraden die Scheidung mit nur ganz leichten Änderungen unbedenklich durchführen liess. — In dem Text des S. Marco-Bruchstücks wird nun unsere weibliche $a(e)_n$-Tirade durch eine männliche $a(e)_n$-Tirade ersetzt. Eine Vergleichung des gesammten Bruchstückes lehrt indessen, dass auch diese Fassung nur theilweise der des ursprünglichen Gedichtes entsprechen kann. Dafür spricht besonders auch, dass die Assonanzen auf $i\ldots e$ der Tir. 59 der Druckredaction in ihr durch Reime auf ie, die $\grave{o}$-Assonanzen der Tir. 58 in ihr durch Reime auf ort[1] ersetzt worden sind. Ich nehme daher zwar auch jetzt noch an, dass die Originalredaction statt der einen Tirade der beiden Überarbeitungen drei verschiedene Tiraden aufwies; während ich aber in meiner Abhandlung zwei weibliche e_n-Tiraden, welche durch eine ebenfalls weibliche a_n-Tirade getrennt wären, herzustellen versuchte, halte ich es jetzt für wahrscheinlicher, dass sich zwischen den beiden weiblichen e_n-Tiraden

---

[1] Für das offenbar auf einen Fehler deutende *plesort* (statt *plot* des Drucks cf. § 100) liest Bartsch (Jahrb. XI, 167) *plesoit;* ebenso für *arivort* und *vendort: arivoit* und *vendoit*, wodurch allerdings auch der Reim für das Auge beseitigt werden würde.

v. 1446—58 und v. 1470—80 der Druckredaction ursprünglich eine männliche a_n-Tirade befand. Der Überarbeiter der S. Marco-Redaction müsste dann mit dieser Tirade die zweite weibliche e_n-Tirade zu einer männlichen $a(e)_n$-Tirade verschmolzen haben (die erste weibliche e_n-Tirade ist in dem Fragment nicht enthalten), der Überarbeiter der im Druck reproducirten Redaction dagegen umgekehrt die männliche a_n-Tirade mit den beiden sie umgebenden weiblichen e_n-Tiraden zu einer weiblichen $e(a)_n$-Tirade vereinigt haben. — Die Durchführung dieser Auffassung erheischt weit weniger einschneidende Änderungen als mein früherer Reconstructionsversuch, denn die der mittleren männlichen a_n-Tirade entgegenstehenden Fälle 1458 *inprent* und 1459 *hautement* schwinden, wenn wir statt:

> Quant li rois l'apercoit, grant merveille l'inprent
> En lor romanz parole, si lor dit hautement

lesen:

> Quant li rois l'apercoit, merveille l'inprent grant
> Hautement lor parole si dit en lor romanz.

Statt der in § 59 für die zweite weibliche e_n-Tirade vorgeschlagenen Textveränderungen ist ferner, gestützt durch v. 13 u. 21 des Fragments, nun besser zu lesen: v. 1470 ff.:

> Et dit le roi Ganor: »Grant honor vos commence;
> »Quant sa estes tornez, grant merci vos doi rendre
> »Et ne porquant me dites qui est si belle femme

und v. 1477 ff.:

> Et respont Berengiers: »Ce n'ert devant septembre;
> »N'est pas costume en France que l'on sa fame vende.

Schliesslich verweise ich noch für die § 107 angeführten eigenthümlichen Formen auf *ois* für die 2 pl. prs. i. auf weitere Belege in der demnächst erscheinenden Ausgabe von Maistre Elie's Ars amatoria, hrg. von Kühne und Stengel, S. 69 Nr. 8.

R. Oesten.